QUESTIONS SUR LA IIᴱ GUERRE MONDIALE

*A Louisette Neil
et à l'équipe
d*'Histoire parallèle

Photo de couverture :
La destruction du ghetto de Varsovie par les Allemands,
en avril 1943.
Ph © Keystone

Responsable éditorial
Martine Prosper
Conception graphique
Bernard Van Geet

ISBN 2-203-61004-2
Dépôt légal : septembre 1993 ; D. 1993/0053/108
Tous droits réservés. Toute reproduction, même partielle, de cet ouvrage est interdite. Une copie ou une reproduction par quelque procédé que ce soit, photographie, microfilm, bande magnétique, disque ou autre, constitue une contrefaçon passible des peines prévues par la loi du 11 mars 1957 sur la protection des droits d'auteurs.

© 1993 Casterman — Giunti Gruppo Editoriale, Firenze.

casterman ■ GIUNTI

DU MÊME AUTEUR

■ Sur la société soviétique :

— *La Révolution russe de 1917*, T.I : février, T.II : octobre, Aubier-Montaigne, 1967-1976.
— *Des Soviets au communisme bureaucratique*, Gallimard, Paris, 1980.
— *L'Occident devant la Révolution soviétique : 1917*, Complexe, Bruxelles, 1990.
— *50 idées qui ébranlent le monde. Dictionnaire de la glasnost.* Sous la direction de M. Ferro et Y. Afanassiev, Payot, Paris, 1989.
— *Nicolas II*, Payot, Paris, 1990.
— *Les origines de la perestroïka*, Ramsay, Paris, 1990.
— *Histoires de Russie et d'ailleurs*, Balland, Paris, 1990.

■ Sur le cinéma :

— *Analyse de films, analyse de société*, Hachette, Paris, 1976.
— *Cinéma et Histoire*, Denoël, Paris, 1977.
— *Film et Histoire*, Collectif, Ecole des hautes études en sciences sociales, Paris, 1985.
— *Révoltes, révolutions, cinéma*, Editions du Centre Georges Pompidou, Paris, 1989.

■ Sur la théorie et l'enseignement de l'Histoire :

— *Comment on raconte l'Histoire aux enfants à travers le monde entier*, Payot, Paris, 1973.
— *L'Histoire sous surveillance : science et conscience de l'Histoire*, Calmann-Lévy, Paris, 1985. Folio, Paris, 1988.
— *L'information en uniforme*, Ramsay, Paris, 1991.

■ Sur le XXe siècle :

— *La Grande Guerre 1914-1918*, Gallimard, Paris, 1969, rééd. 1990, Folio.
— *Pétain*, Fayard, Paris, 1987.
— *Suez, naissance d'un tiers monde*, Complexe, Bruxelles, 1983.

AVERTISSEMENT

Il existe d'excellentes histoires de la Seconde Guerre mondiale et cet ouvrage n'entend pas se substituer à elles... Simplement il est apparu que certains problèmes méritaient une mise au point, à moins qu'ils n'aient jamais été vraiment abordés de façon explicite et succincte : comment a fonctionné la propagande des différents belligérants, qu'a-t-on su du sort des Juifs, pourquoi le Japon n'a-t-il pas attaqué l'URSS en 1941, etc.
Onze problèmes ont été retenus.
Au vrai, d'autres questions restent ouvertes, qui n'ont pu être qu'effleurées : que sait-on du conflit entre les Russes et les Ukrainiens entre 1941 et 1946 ? Comment se comportaient les différents groupes nationaux à l'intérieur des camps d'extermination ? S'agit-il de tabous ? Ou bien est-ce l'information qui manque ? Je penche pour la première hypothèse, mais on peut penser que le doute sera bientôt levé. Rôdant autour de la Seconde Guerre mondiale depuis de longues années, y ayant consacré au moins un ouvrage (Pétain, chez Fayard), un film, Pétain, réalisé par Jean Marbœuf et une série d'émissions (Histoire parallèle), il m'est apparu urgent de répondre à une demande des éditions Casterman, en écrivant ces questions. Pour les replacer dans le cours de la guerre, une chronologie détaillée figure en fin d'ouvrage.

On espère seulement que ces questions rendront intelligibles à tous quelques-unes des interrogations que suscite le souvenir de ces événements.

Marc Ferro

VEILLE DE LA GUERRE

- Colonies portugaises
- USA et dépendances
- Japon et dépendances
- Pays du Pacte anti-Komintern
- Pays sous mandat

SOMMAIRE

Chapitre 1	**L'ENTRÉE EN GUERRE : ESPRIT PUBLIC ET CINÉMA**	**12**
	France : l'esprit de Vichy avant Vichy	14
	USA : pourquoi nous combattons	17
	L'antinazisme soviétique	24
	Allemagne : professionnalisme et propagande	29

Documents ■ Paramount news (11 novembre 1941) **21** ■ Information et propagande selon Poudovkine **27** ■ Deutsche Wochenschau n° 631 **30**

Chapitre 2	**PÉTAIN-LAVAL : MYTHE ET RÉALITÉ DU DOUBLE JEU**	**34**
	L'idée du double jeu	36
	Montoire et la collaboration	37
	Le renvoi de Pierre Laval	41
	La réaction allemande	46
	Les deux politiques de Vichy	50
	Le double jeu n'est plus qu'un masque	52

Documents ■ Hitler juge la politique de Vichy (13 mai 1942) **42-43** ■ Le "départ" du maréchal Pétain (3 décembre 1943) **48-49**

Chapitre 3	**LA RUPTURE DU PACTE GERMANO-SOVIÉTIQUE**	**54**
	Les mauvais calculs de Staline	56
	La faillite de la diplomatie alliée	57
	De la signature à la rupture	61

Documents ■ Les accords secrets germano-soviétiques **58-59** ■ La domination allemande (fin 1942) (carte) **63**

Chapitre 4	**LES COMMUNISTES FRANÇAIS ET LEUR ENTRÉE EN RÉSISTANCE**	**64**
	Le traumatisme du Pacte	67
	De l'antifascisme au pacifisme	68
	Le Parti au lendemain de la défaite	70
	Antinazisme et réorganisation du Parti	76

Documents ■ La lettre de François Billoux au maréchal Pétain **71** ■ Rapport de la Kommandantur sur les activités du PC **75**

Chapitre 5	**LES ORIGINES DE PEARL HARBOR**	**78**
	La guerre sino-japonaise	79
	La neutralisation de l'URSS	81
	L'enjeu de l'Indochine	84
	Les priorités américaines	86
	La désinformation japonaise	88

Documents ■ Hiro-Hito et le plan d'attaque japonais **87** ■ La guerre du Pacifique (carte) **89**

Chapitre 6	**LE TOURNANT DE LA GUERRE**	**90**
	Fin 42 : aboutissement ou nouveau départ ?	91
	Les premiers revers allemands	93
	Les signes du changement	97

Documents ■ Quand le Führer chantait victoire **95** ■ Le front de l'Est (1941-1945) (carte) **98**

SOMMAIRE

Chapitre 7	**TYPOLOGIE DE LA COLLABORATION**	**102**
	De Quisling à Mussert : le nazisme hors d'Allemagne	104
	France : la collaboration d'Etat	106
	L'éphémère Etat slovaque	110
	Le Protectorat de Bohême-Moravie	111
	Le vieux rêve de la Croatie	112
	Serbie : Nedic contre Tito	113
	La volte-face de la Roumanie	114
	Le contraste Bulgarie-Hongrie	117
	Ukraine-Russie : patriotes et antibolcheviks	121
	Un bilan des collaborations	122
	Documents ■ Le point de vue de Hitler sur Degrelle et les Flamands **105** ■ Le cas de la République de Salò **119**	
Chapitre 8	**LES ENJEUX DE LA RÉSISTANCE**	**124**
	L'efficacité de la résistance	125
	L'entrée en résistance	127
	Les formes de la résistance	130
	Résistance et mémoire	134
Chapitre 9	**L'EXTERMINATION DES JUIFS : QUI SAVAIT — ET QUOI ?**	**136**
	Un bilan difficile à établir : les responsabilités	141
	L'exception italienne et danoise	144
	Le cas français	146
	Une stratégie du secret	150
	Des victimes "invisibles"	156
	Documents ■ *Au Pilori* (14 mars 1941) **148** ■ Halte aux rafles ! **151** ■ "L'encadrement sanitaire" de nos déportés **152-153**	
Chapitre 10	**LE DILEMME DES PEUPLES COLONISÉS**	**158**
	Maghreb : le pari d'une victoire américaine	159
	La tentation allemande des pays arabes	163
	De l'Indochine à l'Indonésie : la domination japonaise	166
	L'Inde et la voie de la non-violence	169
	Documents ■ La fin du mandat français en Syrie et au Liban **163** ■ L'entretien entre Hitler et le grand mufti de Jérusalem **165** ■ Lettre de Gandhi à Hitler (24 décembre 1941) **170-171**	
Chapitre 11	**FASCISME, NAZISME ET TOTALITARISME**	**172**
	Fascisme : quelle définition ?	174
	La France et son "imprégnation fasciste"	175
	L'analogie entre nazisme et totalitarisme	177
	L'adhésion des populations : un sujet tabou	180
Annexes		
	BIBLIOGRAPHIE	**183**
	CHRONOLOGIE	**186**
	INDEX DES NOMS DE PERSONNES CITÉES	**190**

Chapitre 1
L'ENTRÉE EN GUERRE :
ESPRIT PUBLIC ET CINÉMA

LA GUERRE À RECULONS

COMMENT LES OPINIONS PUBLIQUES DES FUTURS PAYS BELLIGÉRANTS SONT-ELLES ENTRÉES DANS LA GUERRE? FRANCE, USA, URSS, ALLEMAGNE OFFRENT D'ÉTONNANTS CONTRASTES, RÉVÉLÉS PAR LA PRODUCTION CINÉMATOGRAPHIQUE.

A la différence de 1914, les Français ne sont pas partis à la guerre, en 1939, "la fleur au fusil"; on a même dit que le pays y était allé "à reculons"... Car la politique de poltrons, menée par les différents gouvernements depuis 1933, n'avait abouti qu'à des échecs — ce qui avait démoralisé l'opinion. Hitler avait pu remilitariser la Rhénanie en 1936, sans que la France et l'Angleterre ne réagissent; il avait réalisé l'Anschluss de l'Autriche avec l'assentiment de Mussolini; il avait aidé l'Espagne franquiste contre la république légitime, alors que la France lui opposait une politique de non-intervention; associé à Mussolini, Hitler avait imposé ses vues à Munich, c'est-à-dire le déplacement de la Tchécoslovaquie, bientôt suivi de l'annexion du pays. Cependant, les gouvernements de Daladier, Chamberlain demeuraient passifs, impuissants, et leur opinion résolument pacifique.

Tout se passait comme si l'Angleterre tenait la France par la main, pour la retenir, jusqu'à ce qu'elle se décide à réagir elle-même, lors de la crise de Dantzig et l'invasion de la Pologne. La France suivait.

Les succès de Hitler et de Mussolini avaient fasciné une partie de l'opinion française. En août 1939, le Pacte Hitler-Staline, "Waterloo" de la diplomatie franco-britannique, eut seulement pour effet secondaire de réconcilier quelque peu les Français entre eux; car, au bord de la guerre civile depuis 1934 et le Front populaire, ils avaient désormais à combattre à la fois le communisme et le nazisme — ce qui jusque-là les divisait.

Le Dictateur *(1939-1940)* de Charlie Chaplin.
Tourner, comme le fit Chaplin, une parodie sur Hitler était possible en 1939, quand on ne connaissait pas encore l'ampleur des persécutions nazies.
Ph © Coll. Cahiers du Cinéma

Dans La Grande Illusion *(1937) de Jean Renoir, un officier allemand fraternise avec son prisonnier français durant la Première Guerre mondiale. Cette collusion entre le Français et l'Allemand, est-ce l'esprit pacifique ou chevaleresque ? ou bien annonce-t-elle la collaboration ?*
Ph © Coll. La Cinémathèque française

Mais les Français n'étaient pas plus forts pour autant, le pays ayant été affaibli par ces crises haineuses qui, depuis le putsch manqué du 6 février 1934, avaient opposé, d'une part, le Front populaire — avec ses radicaux et ses socialistes —, et, d'autre part, la droite qu'animait une presse virulente conduite par Gringoire, Candide et Je suis partout. L'anglophobie le disputait à la crainte du bolchevisme, à la haine des Juifs et des Francs-Maçons.

En Angleterre, forte est la tradition antibolchevique, aussi ancienne que l'"Intervention" que Churchill anima, en 1919, contre le régime des soviets. Elle n'est pas contrebalancée, comme en France, par un antifascisme militant, de sorte qu'il ne règne pas ici une atmosphère de guerre civile. L'Angleterre, nantie, est nécessairement pacifique, et des hommes tel Lloyd George, un des vainqueurs de 1914-1918, sont prêts, comme lord Halifax et Chamberlain, à des compromis avec Hitler, une politique qui a ses adeptes, comme en France, jusqu'après la déclaration de guerre.

C'est donc chez les non-belligérants, Américains et Soviétiques, que le consensus antinazi est le plus partagé, même si, en URSS, il ne s'exprime plus après la signature du Pacte germano-soviétique. On compare ici l'esprit public en France à celui qui règne en Allemagne, en URSS, aux Etats-Unis, à l'heure de l'entrée en guerre.

France : l'esprit de Vichy avant Vichy

Un des traits frappants des mentalités d'avant la guerre et la défaite est, sans doute, qu'en France, dans le cinéma et la littérature, l'antinazisme s'exprima peu. Certes, dans les milieux politiques et parlementaires, des voix se firent entendre, mais accusées aussitôt d'être bellicistes — dans un pays qui voulait avant tout la paix comme en témoigne l'accueil enthousiaste fait à

Edouard Daladier au retour de Munich. Le *New York Times* l'observait en mai 1939 : alors que la France est la démocratie la plus concernée et la plus menacée par l'Allemagne nazie, ni ses artistes ni ses écrivains ne réagissent vraiment. Effectivement, la liste est courte des films vus à Paris et qui évoquent ces problèmes. A part *Entente cordiale*, de Marcel L'Herbier en 1939, *Double Crime sur la ligne Maginot*, de Félix Gandera en 1937, et *Les Disparus de Saint-Agil*, de Christian-Jaque en 1938, l'Allemand n'est jamais mis en scène et, dans ces films, c'est plus l'Allemagne que le nazisme qui est visée. Plus, dans *Alerte en Méditerranée*, de Léo Joannon, suinte une forte anglophobie, alors que le film date de 1938, où Français et Britanniques sont alliés face aux Italiens et aux Allemands. L'esprit du pétainisme, Vichy avant Vichy en quelque sorte, règne déjà dans ce film où le chant des marins français est antianglais et où, sur le navire, des officiers de bord allemands et français sympathisent, ayant la même relation privilégiée que Fresnay et Stroheim dans *La Grande Illusion*. Il est dit que l'Anglais, comme allié, n'est pas fiable ; que son île n'est pas aussi invulnérable qu'il le croit, et sa flotte certainement pas invincible.

Les Disparus de Saint-Agil *(1938)* de Christian-Jaque.
Qui vise-t-on dans ce film où l'Allemand est suspect...
un nazi ? non, un réfugié.
Ph © Coll. La Cinémathèque française

A l'anglophobie latente s'ajoute un antisémitisme plus ou moins explicite, sensible aussi bien dans *Derrière la façade*, de Georges Lacombe, *Pépé-le-Moko*, de Julien Duvivier, ou *La Grande Illusion* de Jean Renoir.

De sorte que, à la veille de la guerre, connaissant les tirs croisés de la presse hostile aux Soviets — *Gringoire*, *Candide*, *Je suis partout* —, l'anglophobie latente d'une partie du monde politique et militaire, les Français ont peur de l'Allemagne plus qu'ils ne connaissent vraiment le nazisme. Encore existe-t-il tout un courant favorable à l'Allemagne, à la réconciliation tout au moins avec "l'ennemi héréditaire", et qui comprend aussi bien des collaborateurs de la *Revue des Deux Mondes*, tel Henry Bordeaux, que les membres du Comité France-Allemagne tels Fernand de Brinon et Otto Abetz. Qu'une fois la guerre déclarée, le gouvernement Daladier ait eu l'idée de nommer Jean Giraudoux, un de ces admirateurs de la culture allemande, au ministère de l'Information, constitue un signe de plus des hésitations des milieux dirigeants français. On note que lors de la guerre de Finlande, durant l'hiver 1939-1940, la presse française stigmatise l'URSS plus qu'elle ne met en cause l'Allemagne

— alors que les hostilités avec Hitler sont engagées depuis trois mois. Aux actualités Pathé, pendant l'invasion de la Belgique et des Pays-Bas en mai 1940, le commentaire indique que "la France intervient et se porte courageusement au secours de ses alliés", comme si elle n'était pas déjà en guerre contre les Allemands.

Ainsi, le nazisme n'a jamais été clairement désigné par les dirigeants français — une attitude qui est déjà ancienne puisque, lors de la guerre d'Espagne, le gouvernement de Front populaire, conduit par Léon Blum, déclare certes être de cœur avec les républicains, mais choisit la "non-intervention" pour prévenir l'extension de la guerre civile de l'Espagne à la France. Ces hésitations sont perceptibles à tous : lorsque les républicains espagnols en retraite demandent asile à la République française en 1939, on voit aux actualités que les gendarmes français les accueillent sans ménagement à la frontière, et ces Espagnols républicains sont les premiers occupants des camps d'internement, bientôt de sinistre mémoire.

Cette "drôle de sympathie" envers la République espagnole annonce la "drôle de guerre" avec l'Allemagne nazie : elle signale l'ambiguïté de la classe politique et de la société française. L'esprit de Vichy régnait avant Pétain tant est grande *l'imprégnation* fasciste d'une partie des milieux dirigeants (le terme est de Pierre Milza). De l'esprit de Munich à la collaboration, il n'y a qu'un pas... Dans l'entre-deux se situe le pacifisme militant de ceux qui de l'extrême droite à l'extrême gauche veulent ignorer le prix de l'indépendance nationale.

Alerte en Méditerranée *(1938)* de Léo Joannon. A l'heure de "l'entente" franco-britannique, ce film montre des marins français chantant des hymnes antianglais.
Ph © Coll. La Cinémathèque française

USA : pourquoi nous combattons

Le contraste est grand avec les Etats-Unis. Certes, il y existe une opinion isolationniste si puissante qu'aux élections de 1940, les supporters de Wendell Wilkie font presque jeu égal avec Roosevelt — quitte à se rallier ultérieurement à la politique du Président... Mais les dirigeants américains sont beaucoup plus sévères vis-à-vis du nazisme que ne le sont les Français. Est-ce pour ménager les Allemands des Etats-Unis ? Ou parce que, en Amérique, les suites de la Première Guerre mondiale n'ont pas sécrété des phénomènes semblables à ceux que l'Europe a connus ? Au temps de la guerre froide, il a été dit que les émigrés venus d'Allemagne, les exilés

La présence aux Etats-Unis d'une minorité allemande et d'émigrés d'Europe centrale a pesé sur l'orientation antinazie de certains films. Les Aveux d'un espion nazi (1938), du réalisateur d'origine russe Anatol Litvak, fut à l'origine d'un incident diplomatique entre Berlin et Washington.
Ph © Coll. La Cinémathèque française

juifs notamment, ont joué un rôle dans cette prise de conscience. S'il semble bien que cela n'ait eu aucune influence sur Roosevelt lui-même, il est certain que, dans le cinéma, le rôle des émigrés d'Europe centrale et d'Allemagne, Juifs ou pas, a été essentiel ; ce n'est pas le cas dans la presse et l'édition où sont publiés en 1939-1940 des écrits pronazis, tel *Germany Ramparts* de Hambloch, tandis que pullulent des écrits antisoviétiques de Soan, Clark, Krivitski, etc.

Le point important est que, aux Etats-Unis, on produisit plusieurs films antifascistes bien avant l'entrée en guerre — les tout premiers portaient sur la guerre d'Espagne et militaient carrément du côté républicain, tels *Le Dernier Train pour Madrid* de Kogan, *Trois Camarades* (*Three Comrades*) de Borzage (1938) ; or, les suivants étaient antinazis : *The Mortal Storm* du même Frank Borzage (1940), *Le Dictateur* (*The Great Dictator*) de Charlie Chaplin (1939-40), *Correspondant 17* (*Foreign Correspondent*) d'Alfred Hitchcock (1940), et surtout *Les aveux d'un espion nazi* (*Confessions of a Nazy Spy*) d'Anatole Litvak (1939), à l'origine d'un incident diplomatique entre Berlin et Washington et qui eut un retentissement international.

En Europe, le film de Charlie Chaplin ne put être vu qu'après la guerre.

Au lendemain de Pearl Harbor, la conduite de la guerre psychologique passe aux mains du général Marshall et de Franklin Delano Roosevelt. Le premier convoque Frank Capra et lui donne l'ordre de faire des documentaires pour expliquer aux Américains "pourquoi nous combattons".

— Je n'ai jamais fait de documentaire, lui dit Capra.
— Et moi, je n'ai jamais été généralissime, lui répond Marshall.

De leur côté, Roosevelt et ses conseillers veillent à ce que la production cinématographique rende compte de l'effort global des sociétés démocratiques pour vaincre l'ennemi totalitaire. Une sorte de programme systématique est établi, subventions à l'appui, pour que ne soit ou-

*E*n 1943, Irving Pichel réalise Nuit sans lune, *d'après le roman de John Steinbeck consacré au problème de la résistance et de la collaboration en Norvège.*
Ph © Coll. Cahiers du Cinéma

blié aucun protagoniste, aucun groupe social. Et, de même qu'il avait été "décidé" que le nazisme devait être combattu, par priorité, avant l'agresseur japonais, de même ce programme de propagande prescrit-il beaucoup plus de films en l'honneur des nations victimes du nazisme qu'à l'adresse de ceux qui subissent l'occupation japonaise. Il est vrai que, vis-à-vis du Japon, il n'était pas besoin de convaincre les citoyens des USA de la justesse de leur combat ; mais cela pouvait faciliter le ralliement des Latino-Américains, solidaires des Philippines.

Dans la lignée des *Aveux d'un espion nazi*, Edward Dmytryk réalisa *Hitler's Children* (1943) à partir d'un roman, *Education for Death*, où l'on voyait comment le régime excluait les infirmes et les Juifs, terrorisant leur famille ; Irving Pichel fit *The Man I married* (1940) qui constitue peut-être l'analyse la plus perspicace du fonctionnement du régime, des manières dont il distille son

idéologie dans les familles (avec Joan Bennett). Aux autres victimes furent consacrés *Nuit sans lune* (*The Moon is down*) du même Irving Pichel (1943), sur la résistance et la collaboration en Norvège ; *Le Voyage de Margaret* (*Journey for Margaret*) de W.S. II Van Dyke (1942), avec Robert Young, sur le courage civique des Anglais ; et ce grand succès que fut *Mrs. Miniver* de William Wyler (1942), avec Greer Garson, sur la solidarité qui règne parmi eux. Tandis qu'était confié à Jean Renoir le soin de glorifier la Résistance française dans *Vivre libre* (*This Land is mine*, 1943), les autres films sur la France évoquaient plutôt le double jeu ou la légèreté des Français : dans le superbe *Casablanca* de Michael Curtiz (1942) — avec Ingrid Bergman et Humphrey Bogart —, bien sûr, mais aussi dans *Sahara* de Zoltan Korda (1943) et dans *Passage to Marseille*, aussi avec Humphrey Bogart (1944). Pour se rallier l'Espagne, l'adaptation en 1943 de *Pour qui sonne le glas* (*For Whom the Bell Tolls*) d'Hemingway, par Sam Wood, édulcorait les sentiments antifascistes du récit d'origine. Pour conforter le retournement idéologique qu'impliquait l'alliance avec l'URSS, enfin, Hollywood préparait au moins deux films. D'abord *Mission à Moscou* (*Mission to Moscow*) de Michael Curtiz (1943), que cautionnait un commentaire de l'ambassadeur Davies : jamais le discours stalinien n'avait ainsi été diffusé aux USA, stigmatisant les "traîtres trotskistes", légitimant les procès de Moscou... L'autre film, *L'Etoile* du Nord (*The North Star*) de Lewis Milestone (1943), était plutôt une comédie burlesque, glorifiant la joie de vivre en Russie soviétique ; les marchés kolkhoziens y regorgeaient de porcelets et de canards ; on se serait cru dans le Middle West américain.

Du côté de l'ennemi, l'idée de dissocier les citoyens de leur régime n'est pas oubliée non plus dans le programme élaboré à Hollywood. Dans *Les Commandos de la mort* (*A Walk in the Sun*) de Lewis Milestone (1945), on rappelle que l'Amérique a été et demeure une terre d'accueil pour les émigrés, qu'ils soient italiens ou allemands d'origine, réfugiés politiques notamment. Aux Japonais aussi, on montre qu'ils pourraient passer dans le camp de la démocratie et abandonner leur régime de terreur : à preuve, le héros japonais de *Face au soleil levant* (*Behind the rising sun*) d'Edward Dmytryk (1943), qui fait ses études en Californie, est américanisé mais, ayant dû retourner dans son pays à la veille de la guerre, redevient un vrai sauvage, plus encore que son père qui, épouvanté par les crimes commis par son pays et notamment par son fils, se fait hara-kiri. Ainsi la morale du film était qu'un gentil garçon, presque parfait parce que américain, pouvait devenir un monstre dès qu'il adhérait aux idées du "Grand Japon".

C'est au lendemain de Pearl Harbor que le Pentagone charge Frank Capra de tourner des documentaires pour expliquer aux Américains "pourquoi nous combattons". Réalisée de 1942 à 1945, la série de sept films retrace ainsi la montée vers la guerre en utilisant contre l'Allemagne ses propres documents de propagande.
Ph © Coll. Cahiers du Cinéma

PARAMOUNT NEWS (11 NOVEMBRE 1941)

Moins d'un mois avant Pearl Harbor (7 décembre 1941), les actualités cinématographiques américaines ne sont pas particulièrement belliqueuses, comme en témoigne leur contenu.

— **Le charbon en crise** (278') Temps fort des actualités : le défi au gouvernement des mineurs en grève.
— **La Navy fait accélérer l'armement des navires marchands**. (64') Washington — La révision de l'Acte de Neutralité prévoit la mise en place de canons sur les navires de la marine marchande américaine.
1. Le Capitole — La fièvre du vote final à la Chambre des représentants.
— **Pacifique :
la paix en question** (183')
Guerre contre le Japon ? Les actualités Paramount présentent un état du monde.
1. San Francisco — Arrivée de l'ambassadeur japonais Saburu Kurusu pour des négociations décisives à Washington.
2. New York — Kurusu se déclare confiant.
3. Tokyo — Au même moment, le Premier ministre Tojo expose les demandes japonaises.
4. Yokohama — Evacuation des derniers civils britanniques.
5. Shanghai — Les *Marines* reçoivent l'ordre d'appareiller — on quitte la Chine.
6. Washington — Kurusu entame les discussions avec Hull et Roosevelt.
— **Football** (276')
Evanston, Ill. — *Notre-Dame* reste invaincu avec 7 victoires contre 6 sur *Northwestern*.
1. Iowa — Le puissant *Minnesota* écrase *Iowa* 34 à 13.
2. New York — Le *Kuzma* du Michigan, la star incontestée, massacre *Columbia* 28 à 0. ∎

Tourné en 1942 par Michael Curtiz, Casablanca *est sans conteste le film le plus original de la période. Il prend pour cible la duplicité de la France de Vichy, sa complicité de fait avec l'Allemagne hitlérienne. Mais c'est avant tout un roman d'amour, sur le drame de la séparation.*
Ph © Coll. Cahiers du Cinéma

Naturellement, ces films indiquaient, en creux, les qualités fondamentales du peuple et de la démocratie américains. Ils constituaient des leçons de morale, stigmatisant, dans *Air Force* de Howard Hawks (1943) par exemple, les Japonais qui tuent dans leur descente des pilotes ayant dû sauter en parachute de leur avion en flammes ; ou les tortures que les militaires japonais infligent aux prisonniers — dans *Aventures en Birmanie* (*Objective Burma*) de Raoul Walsh (1945). Mais le programme américain va plus loin encore, qui spécifie les qualités propres de tous les éléments de la société américaine : certains sont consacrés à la marine, d'autres aux constructions navales, ainsi *Man from Frisco* de Robert Florey (1944) à la gloire de Henry Kaiser ; d'autres à l'aviation, etc. Toutefois, l'essentiel pour Franklin Delano Roosevelt consiste à glorifier la famille américaine, une "cellule que rien ne peut ébranler". Parmi ceux-là, deux connurent un grand succès populaire : *Depuis ton départ* (*Since you went away*) de John Cromwell (1944), avec Claudette Colbert, où la famille américaine est définie comme "une forteresse inconquise", et *Claudia* d'Edmund Goulding (1943), qui décrit une famille modèle. Le trait caractéristique aux Etats-Unis est sans doute le contraste qui a

Dans le programme de production élaboré à Hollywood prennent aussi place les films de guerre proprement dits, comme Aventures en Birmanie, *de Raoul Walsh (1945), qui diabolise l'adversaire japonais.*
Ph © Coll. Cahiers du Cinéma

existé entre, d'une part, un cinéma de fiction si riche en œuvres émouvantes, de la grande qualité Hollywood, auxquelles il faut ajouter le *Pourquoi nous combattons* (*Why We Fight : Prelude to the War*) de Frank Capra (1942-45), qui est une série de films de montage ; et, d'autre part, la pauvreté des actualités Paramount, ou Universal, etc., qui chaque semaine ont présenté une vision édulcorée de la guerre et des problèmes qu'elle posait à la société américaine. Sans doute faut-il incriminer en partie la censure militaire, qui fut la plus sévère de tous les pays belligérants. Au nom du secret, elle cache aux citoyens les dures réalités de la guerre, de sorte que seules sont présentées, pendant au moins un an, les opérations militaires portant sur des fronts où ce sont les Anglais qui se battent. Certes, les cinéastes militaires américains filment des combats, mais ils demeurent interdits au public. Le public s'en plaint dès l'été 1942 et une campagne de presse stigmatise les excès de la censure militaire. Et il a fallu toute la ruse de John Ford et de son monteur Robert Parrish pour que le grand cinéaste ait pu filmer, faire monter et produire *La Bataille de Midway* (*The Battle of Midway*) (1942), la première grande victoire des Américains sur le Japon.

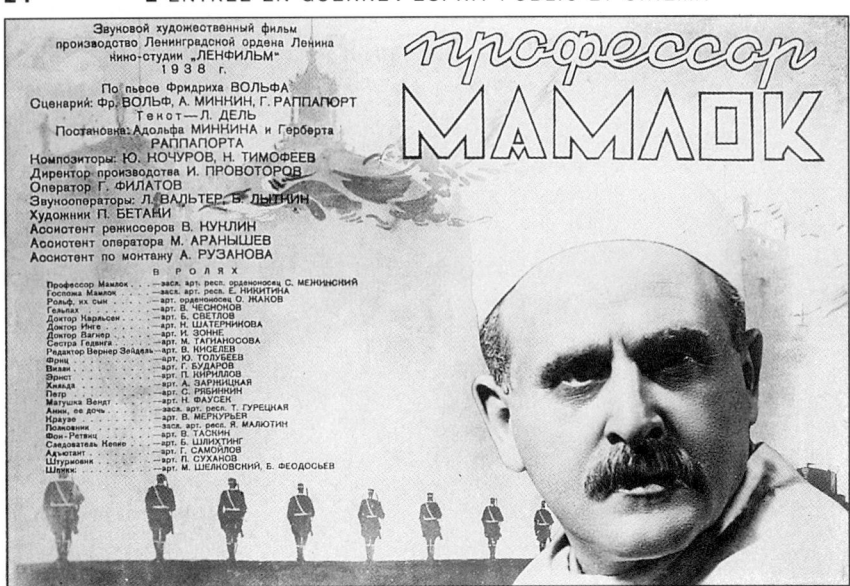

Réalisé en 1938 par Minkine et Gerbert Rappaport, Professeur Mamlok *est une dénonciation vigoureuse de l'antisémitisme nazi. "Dans les tranchées de Verdun, quand j'ai perdu mon sang à côté de mon camarade, personne ne m'a dit alors que mon sang était différent, qu'il était juif", déclare le héros du film.*
Ph © Coll. La Cinémathèque française

L'antinazisme soviétique

Paradoxalement, au début de la guerre, il y eut un contrôle relativement moindre de la production cinématographique en URSS qu'aux USA. Cela tenait en partie à la désorganisation générale qui suivit l'invasion : dispersés à Alma-Ata et en Crimée, les studios bénéficièrent d'une relative liberté d'expression tout en fonctionnant comme ils le pouvaient, avec les moyens du bord. En ce qui concerne les actualités, elles continuèrent à montrer chaque semaine un aspect de la vie soviétique dans une des Républiques — et là elles demeurèrent semblables à elles-mêmes ; pour le reste, elles firent appel aux plus grands cinéastes — Dziga Vertov, Roman Karmen — pour construire des sujets épiques sans rapport avec les dramatiques réalités de la guerre, du moins à ses débuts, ce qui devait insuffler la confiance chez les gens de l'arrière. Dans l'ensemble, ces actualités sont les seules qui puissent, par instants, rivaliser avec la qualité de la *Deutsche Wochenschau*: construction dramatique des sujets, montage, musique synchrone, mais reconstituée en orchestre, comme l'a observé Didier Deleskewitz, qualité de la pellicule. Si elles sont rarement tournées sur les lieux et au moment même des combats, elles demeurent plus vagues que les actualités allemandes dès qu'il s'agit du front, mais elles constituent, par contre, un document très riche à la fois sur la vie de l'arrière et sur la représentation que le régime veut en donner.

A la différence des actualités allemandes, elles n'hésitent pas à montrer des scènes de la vie quotidienne où apparaît l'extrême pauvreté de la population paysanne. Il y est plus souvent question des envahisseurs fascistes que des Allemands — même si dans la population on parle seulement des Allemands. Au reste, le terrain était préparé car l'ennemi a été parfaitement désigné, avant juin 1941, dans toute une série de films, tantôt antiallemands, tel *Alexandre Nevski* d'Eisenstein en 1938, tantôt antinazis, tels *Professeur Mamlock* de Minkine et Gerbert Rappaport, en 1938, et *Les Oppenheim (Semya Oppenheim)* de Grigori Rochal (1939), deux films qui stigmatisent clairement l'antisémitisme des nazis : "Dans les tranchées de Verdun, quand j'ai perdu mon sang à côté de mon camarade, personne ne m'a dit alors que mon sang était différent, qu'il était juif", dit le professeur Mamlock. Mais le point important est, sans doute, que de la dizaine de films antinazis ou antiallemands réalisés entre 1929 (*La Salamandre (Salamandro)* de Grigori Rochal, scénario d'A. Lunatcharski) jusqu'au Pacte germano-soviétique, seule l'action d'*Alexandre Nevski* se situe non en Allemagne nazie mais sur la terre russe, Eisenstein ayant en quelque sorte préfiguré et pressenti l'invasion. Le thème patriotique s'exprime dans la conclusion du film : "Allez, soldats... et dites-vous bien que la Russie vivra... que nous accueillons tous les étrangers comme des hôtes. Mais celui qui viendra par l'épée périra par l'épée." Un thème qui s'exprime aussi dans *Les Tractoristes (Traktoristi)*, une comédie musicale d'Ivan Pyriev (1939). Aussi, à la veille de l'invasion, en URSS comme en Amérique — mais pas en France —, les cinéastes ont-ils préparé l'opinion à combattre le nazisme — les Allemands. Quant aux premiers films de fiction réalisés pendant les tout débuts de la guerre par Mark

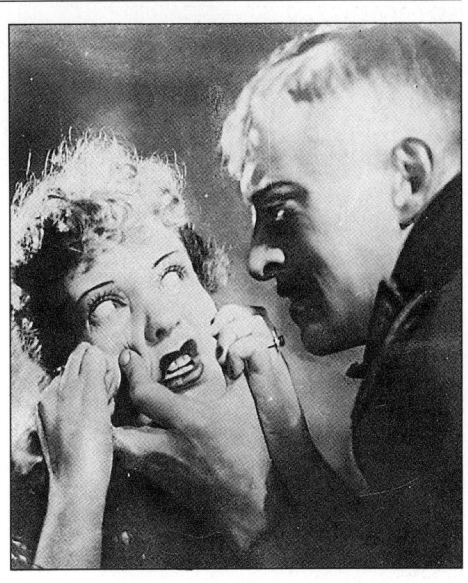

Dans L'Arc-en-ciel *(1944)*, le réalisateur ukrainien Mark Donskoï n'hésite pas à montrer un amour coupable, une femme russe séduite par l'occupant. Audace impensable dans le cinéma américain...
Ph © Coll. La Cinémathèque française

*F*ilm culte de Serguei Mikhaïlovitch Eisenstein, Alexandre Nevski (1938) célèbre la victoire du grand-prince de Novgorod Alexandre sur les chevaliers teutoniques en 1242. De tous les films réalisés avant guerre, il est le seul dont l'action se situe sur la terre russe, préfigurant ainsi l'invasion de 1941. Mais le héros représenté était en réalité un homme d'Eglise, pas dans le film.
Ph © Coll. La Cinémathèque française

Donskoï, Youri Raisman, F. Greuler, etc., deux traits les caractérisent. En premier lieu, ils accordent une grande place à l'action des partisans, ce véritable deuxième front de la guerre contre l'Allemagne nazie : *Ils ont défendu la patrie* de Greuler, *Partisans dans les steppes d'Ukraine* d'I. Savchenko, etc. Surtout, ils n'hésitent pas à montrer les défaillances de la population à l'arrière, dans les zones occupées ; *L'Arc-en-ciel* (*Radouga*) de Mark Donskoï (1944) est le premier de ces films où l'on voit une femme russe devenir la maîtresse d'un officier allemand. On imagine mal une telle audace dans le cinéma américain des années quarante.

De fait, le cinéma soviétique ne bénéficia pas longtemps de cette relative liberté : dès 1946, le conformisme du réalisme socialiste, version Jdanov, ressaisissait la production soviétique dans son ensemble. C'est en Allemagne qu'elle a été, plus qu'ailleurs, soumise au

INFORMATION ET PROPAGANDE SELON POUDOVKINE

En 1947, le réalisateur soviétique Vsevolod Poudovkine précise l'intérêt du cinéma documentaire pour la propagande.

Si vous êtes d'accord avec moi qu'à ce jour, produire un film sonore proche du public n'a visé qu'une audience, celle d'un seul pays, parlant la même langue, vous admettrez comme une évidence incontournable que faire un film intelligible à tous les peuples pose des problèmes qu'il faut aborder avec plus de conviction et de réflexion qu'on ne l'a fait jusque-là... Je voudrais donc attirer l'attention sur un certain type de films qui a acquis une identité nouvelle pendant la guerre, c'est le documentaire long métrage d'art (*Xudojoctbennyi*) qui utilise les faits de la vie réelle mais filmés comme une fiction, en unissant les éléments donnés par un montage qui les unit dans le but de communiquer au spectateur quelques idées générales, quelques concepts... Un tel film n'est pas seulement un film qui apporte des informations. Il diffère des actualités de la même façon que, dans un journal, l'éditorial diffère des nouvelles qui figurent dans les colonnes voisines..."

Passant à *Prélude à la guerre* de Frank Capra, qui est un film de montage, Poudovkine écrit : "Un tel film est pleinement international et peut être compris partout... La voix du commentateur peut être traduite dans n'importe quelle langue sans trahir l'impression générale... Le montage des images n'a pas à être traduit... Là se trouve l'avenir du cinéma documentaire." ■

Traduit de *Hollywood Quaterly* juillet 1947, reproduit dans Jay Leyda, *Kino*, a history of the Russian and Soviet film, Allen & Unwin, 1960.

La satire et son modèle : dans Le Dictateur, *Chaplin ridiculise les grandes "parades" du régime nazi, celles-là mêmes qu'exaltent les films de propagande allemands.*
Ph © Coll. Cahiers du Cinéma

contrôle du pouvoir. En URSS, en effet, le régime a, certes, mis la main sur le cinéma, et, entre les grands metteurs en scène et le Parti, le mariage de raison avait été de courte durée. Dès 1928, Eisenstein, Poudovkine, Koulechov, Dziga Vertov ont été placés sous surveillance — au vu de leurs écarts, mais surtout parce que leurs films, trop élitistes, n'étaient pas compris du public, privé de ses éléments les plus cultivés, chassés ou exterminés, et composé désormais d'ouvriers-paysans. C'est en Occident plus qu'en URSS elle-même que le cinéma de ces grands maîtres a eu le plus d'écho. Ajoutons qu'à l'époque stalinienne les classes populaires et leurs dirigeants, soucieux d'éducation, n'accordent pas au cinéma la même importance qu'au livre, à l'écrit.

Allemagne : professionnalisme et propagande

En Allemagne nazie, au contraire, le cinéma a toujours été le foyer central de la propagande. "Pour que nos idées pénètrent l'école, notait le docteur Rust, adjoint de Goebbels, rien n'est mieux que le film... L'Etat national-socialiste a délibérément choisi, et de façon définitive, de faire du film l'instrument de transmission de son idéologie." Jusqu'à la guerre, seuls sont vilipendés les ennemis de l'intérieur, dans des séries telles que *Gestern und Heute* ; toute une série de documentaires est mise sur pied pour inoculer la vision de l'histoire que sécrète le nazisme. Le régime bannit les films pacifistes ou réputés tels, du type *A l'Ouest, rien de nouveau (All Quiet on the Western Front)* de l'Américain Lewis Milestone (1930), adapté du roman allemand de Remarque, ou encore *La Grande Illusion* de Jean Renoir (1937), et la UFA produit quelques films à la gloire de l'héroïsme allemand durant la Première Guerre mondiale... ou contre l'Union soviétique, tel *KGB*.

Dès le début de la guerre, après avoir suivi attentivement la réalisation de tous les films glorifiant le régime, notamment ceux de Leni Riefenstahl, Joseph Goebbels devint le véritable producteur des actualités. Dans son *Journal*, rares sont les jours où il n'y fasse pas allusion. Il supervise aussi bien les courts petits sketches qui précèdent le *Journal* proprement dit, qui ne s'interrompent qu'au milieu de 1941, avec la campagne de Russie, que les actualités elles-mêmes. A propos de celles-ci, il est en désaccord avec Hitler qui finit par faire bannir les sujets sur la vie quotidienne allemande, les représentations des différents sites, etc. — sujets quelquefois préparés avant la guerre —, le Führer exigeant que la totalité des

Les dirigeants nazis ont dès le début considéré le cinéma comme un outil de propagande. En 1934, Hitler charge la réalisatrice Leni Riefenstahl de filmer le congrès du parti national-socialiste à Nuremberg. Hymne à la gloire du régime, Triumph des Willens *(le Triomphe de la volonté) sera suivi de* Tag der Freiheit *(1935) et de* Olympiad *(Les Dieux du stade, 1938).*
Ph © Coll. Cahiers du Cinéma

actualités soit désormais consacrée aux héroïques exploits du peuple allemand. Le tournant se situe au début de 1942. Construites avec soin, comme un vrai film de fiction — la musique est synchrone avec les bandes de bruits —, ces actualités perdent un peu de leur créativité à partir de l'été 1942 : elles n'en deviennent pas moins les plus soignées de toutes les actualités de guerre ; il est vrai qu'elles disposent de moyens considérables — des dizaines d'équipes de cameramen —, alors que les firmes privées — en Angleterre, aux USA — disposent de moins d'équipes, et celles-ci sont, elles-mêmes, moins fournies. Au montage, la *Deutsche Wochenschau* dispose ainsi d'un stock démesuré de plans qu'on peut combiner de toutes les façons.

DEUTSCHE WOCHENSCHAU N° 631

Directement supervisées par Joseph Goebbels, les actualités allemandes sont, de loin, les plus professionnelles de tous les pays belligérants. A partir du début de l'année 1942, elles sont, conformément à la volonté de Hitler lui-même, centrées sur les exploits guerriers du peuple allemand.

Date : 7.10.1942
Métrage : 631 m
1. Berlin : Ribbentrop reçoit l'ambassadeur d'Italie Dino Alfieri et l'ambassadeur du Japon le général Oshima à l'occasion de l'anniversaire du Pacte tripartite. Ribbentrop en conversation avec les deux ambassadeurs.
2. Berlin. Rommel et Goebbels au ministère de la Propagande devant des représentants de la presse. Rommel parle de la situation en Afrique du Nord ; Goebbels est à ses côtés.
3. Hitler reçoit Rommel et lui remet le bâton de maréchal.
4. Berlin. Palais des sports : lancement de la campagne du *Winterhilfswerk* (collecte des vêtements chauds) pour 1942/43. Entrée des SA et du Parti avec les drapeaux et les étendards. Goebbels pénètre dans l'enceinte en compagnie de Rommel ; la foule jubile. Le Oberbefehlsleiter Hilgenfeld accueille Rommel et Goebbels à la tribune (statistiques sur les résultats des campagnes passées). Arrivée de Hitler qui salue Rommel, Keitel et Himmler (pas de son original). Deutschlandlied.
5. Front de Carélie. Ravitaillement par des attelages hippomobiles. Une infirmerie. Chariots sur les rails. Nourriture pour le front. Une tranchée est creusée, pose de câbles. Offensive de l'artillerie et de l'infanterie. Ballon captif pour l'observation. Progression des blindés et de l'infanterie.
6. Zone centrale du front de l'Est. Relève des premiers rangs. Artillerie, poste d'observation, tirs contre un village en feu. Tranchée, repas. Artillerie lourde contre un bunker : des blindés russes sont pris sous le feu des lignes allemandes ; blindé incendié.
7. Le maréchal Model décore de valeureux ouvriers devant la troupe rassemblée.
8. Une troupe d'assaut progresse. Infanterie, mitrailleuses et lance-grenades. Russes tués et prisonniers. Retour de la troupe dont les hommes reçoivent la Croix de fer.
9. Soldats allemands aidant à rentrer la moisson en Ukraine.
10. Aérodrome de campagne à l'Est. Décollage de JU 88, attaque aérienne contre des positions ennemies, bombes et armes de bord.
11. Bataille dans les banlieues de Stalingrad. Artillerie lourde, incendies. Bâtiments d'usine détruits. Carcasses d'avions sur un aérodrome. Progression de l'infanterie. Combats de maison à maison. La partie sud de la ville est aux mains des Allemands. Le drapeau allemand est hissé sur un bâtiment. Vue globale de la ville avec la Volga à l'arrière-plan. ■

Joseph Goebbels commanda plusieurs films à Hans Steinhoff, l'un des meilleurs réalisateurs de l'Allemagne nazie. Dans Oncle Krüger *(1941), film historique sur la guerre des Boers, Steinhoff va jusqu'à dénoncer les camps de concentration mis en place... par les Anglais en Afrique du Sud.*
Ph © Coll. Cahiers du Cinéma

Le contraste est saisissant avec les actualités des deux pays alliés, le Japon et l'Italie. Au Japon, le cinéma présente à la fois des informations très officielles et un panorama assez complet de la situation militaire et politique du pays : l'empereur d'abord, les décisions du gouvernement, les opérations militaires depuis les Aléoutiennes jusqu'aux îles Salomon. La constitution d'une sphère de coprospérité sous l'égide du Japon forme l'axe de toutes les actualités : les Japonais y jouent le rôle de reconstructeurs et de professeurs qui apprennent aux Mandchous, aux Philippins, aux Indonésiens, aux Birmans à bâtir la Nouvelle Asie. Est-ce parce qu'ils sont conscients des horreurs commises par leurs troupes, que les Japonais ne cessent de répéter qu'ils traitent leurs prisonniers avec humanité ?... Et s'ils évoquent fréquemment la guerre en Chine, c'est pour insister sur la collaboration heureuse que pratiquent avec eux les dirigeants chinois de Nankin ou des autres zones occupées. Spécialistes de la désinformation et de la contre-vérité, les Japonais expliquent la nécessité de ces opérations militaires pour construire la paix.

A l'inverse, les actualités italiennes de la *Luce* se situent hors la guerre. Certes, la campagne de Cyrénaïque est évoquée et aussi la bataille des convois en Méditer-

> *« L'Etat national-socialiste a délibérément choisi, et de façon définitive, de faire du film l'instrument de transmission de son idéologie. »*
>
> Dr Rust, adjoint de Goebbels

ranée, qui ne manque pas d'aider à la glorification de la flotte italienne. Mais le trait frappant est sans doute que ces actualités ne sont pas du tout mobilisatrices. D'un côté, elles montrent des scènes de la vie quotidienne — inventions ménagères, fêtes, manifestations sportives, etc. ; de l'autre, elles sont sans doute les seules à faire largement appel à des "sujets" venus de l'étranger : ainsi les scènes de guerre à l'Est proviennent explicitement de la *Deutsche Wochenschau* — comme si seule l'Allemagne menait la guerre à l'Est —, l'Italie se contentant d'occuper la Croatie, de parader à Athènes ou de fraterniser avec les populations ukrainiennes ; par ailleurs, la *Luce* présente des sujets distrayants en provenance des actualités hongroises ou d'autres pays, ce qui ajoute au désengagement de l'Italie, sauf en Afrique et sur mer.

Il est vrai qu'en Allemagne, au contraire, l'adhésion au régime a été renforcée par les premières victoires à l'Ouest. Aussi, actualités et films de fiction ont pour but autant de rallier les populations vaincues et soumises que de convaincre les Allemands eux-mêmes. Aux films et autres comédies distrayantes où jouait Marika Rökk s'ajoutèrent des superproductions de propagande contre les Juifs et les Anglais, "ces ennemis jurés de l'Allemagne hitlérienne". Après *Le Péril juif* (*Der ewige Jude*) de Fritz Hippler (1940), ce fut au *Juif Süss* (*Der Jude Süss*) de Veit Harlan (1940) que se consacrèrent les soirées de Joseph Goebbels. Pour donner à ce film son certificat de véracité, on décerna le titre de "Professeur" au conseiller historique de Veit Harlan. En vérité, il inversa la réalité puisque, historiquement, ce fut la fille de Süss qui fut violée par Sturm, le conseiller du duc de Wurtemberg ; alors que dans le film, c'est Süss qui viole la fille de Sturm. Quoi qu'il en soit, ce film bénéficia d'un soutien médiatique exceptionnel, et si forte était sa charge antisémite qu'à la suite de sa projection, à Marseille en 1941, il y eut des scènes de pogroms dans une ville qui n'en avait jamais connu. Vint ensuite *Oncle Krüger* de Hans Steinhoff (1941), qui avait pour fonction de dénoncer la cruauté des Anglais, de rappeler la solidarité des Allemands avec les peuples opprimés — en l'occurrence des Boers que menace l'impérialisme anglais. Dans *Oncle Krüger*, le réalisateur montrait les premiers camps de concentration institués en Afrique du Sud, par les Anglais. Par une sorte de *lapsus*, on leur attribuait les brutalités que précisément les Allemands commettaient, au moment de la réalisation du film, contre les Juifs, les Polonais, les Serbes. Dans un autre film, *Le Renard de Glenarvon* de Max Kimmich, était évoqué le "génocide" des Irlandais par les Anglais, et glorifiées leur résistance et l'insurrection qu'ils préparaient contre leurs oppresseurs.

Pourtant, avec la guerre qui dure et ses bombardements, la production cinématographique faiblit et, dès 1942, elle ne sortait plus que soixante-quatre films contre plus du double quelques années plus tôt.

Malgré tout, la propagande allemande par le film, puissante, soignée, omniprésente, ne manqua pas d'ajouter au désarroi des populations vaincues par la Wehrmacht. Jusqu'à Stalingrad, les armées du Reich apparaissaient, décidément, comme invincibles. Cette propagande réussit à cacher aux populations occupées les défaites de la bataille de Moscou (novembre 1941-mars 1942) ; et jusqu'à la fin de la guerre, elles réussirent à intoxiquer une bonne partie de l'opinion, en Allemagne aussi bien, qui crut jusqu'au bout que les armées du Reich finiraient par l'emporter.

Le plus tristement célèbre des films antisémites fut Le Juif Süss, *"commandé" par Goebbels en 1940 au réalisateur Veit Harlan. Sa sortie, fortement relayée par la presse, provoqua des réactions antisémites, à Marseille notamment.*
Ph © Cahiers du Cinéma

Chapitre 2

PÉTAIN-LAVAL :
MYTHE ET RÉALITÉ
DU DOUBLE JEU

LE DEUIL D'UNE ÉPOQUE

Traumatisés par la débâcle du printemps 1940, de nombreux Français se persuadent que si, d'un côté, le maréchal Pétain collabore contraint et forcé avec l'Allemagne nazie, il négocie, de l'autre, secrètement avec les Américains…

Cinquante ans après la fin de la Seconde Guerre mondiale, les sociétés sont encore sous le choc d'un conflit qui les a profondément déchirées. Sans doute le ressentiment des nations s'explique-t-il par la violence des combats engagés, par l'ampleur des drames qu'on a connus, par la multiplicité des crimes qui ont été commis.

Dans le camp de l'Axe, depuis ces années tragiques, les Italiens ont été les premiers à s'interroger sur la mécanique de ces crimes, sur la nature du fascisme. Dès la fin des années soixante-dix, ils ont exorcisé leur passé — tant il est vrai que la dictature ne s'exerça pas sous la forme d'une terreur exterminatrice, sauf à sa fin, lors de la République de Salò. L'Allemagne, traumatisée par sa défaite, mit plus de temps à aborder sereinement l'époque où, unanime, elle adorait son Führer bien-aimé. Or, la France n'a pas fait le deuil de cette époque et, si elle est prête à croiser le fer sur le régime de Vichy, le cas du maréchal Pétain demeure plus ou moins tabou.

L'accusation que certains portent à son égard est d'avoir poussé à la signature de l'armistice, en juin 1940, dans le seul but de construire une France Nouvelle et d'abattre la République parlementaire. Grâce à cet armistice, la France ne fut occupée qu'en partie et le Maréchal fut ainsi gratifié de la reconnaissance des Français de la zone libre qui, jusqu'à la fin de 1942, échappèrent à l'occupation étrangère. De même, on juge que c'est grâce à cet armistice-là que les Italiens, ensuite, ne purent pas trop exiger de la France vaincue. Pour sauvegarder sa po-

Philippe Pétain et son ministre d'Etat, Pierre Laval. La rivalité larvée entre les deux hommes, qui aboutit au renvoi de Laval le 13 décembre 1940, a alimenté le mythe du double jeu. Elle a également servi à dédouaner le Maréchal d'une politique de collaboration dont l'entreprenant ministre passait — à tort — pour être l'unique incarnation.
Ph © Lapi-Viollet

sition, Pétain décide de collaborer avec Hitler, à Montoire. Ce faisant, a-t-il seulement opéré un retournement d'alliances ou collaboré avec l'ennemi ? Y avait-il une autre politique à suivre sur le territoire national ? Les mesures qu'il a prises l'ont-elles été sous la contrainte ? Le double jeu auquel ont cru les Français, quel était-il et dans quelle mesure a-t-il existé ?

L'ouverture des archives a permis de découvrir des documents très révélateurs sur ce problème, et notamment sur le renvoi de Pierre Laval, en décembre 1940, qui constitue, avec l'avènement de Badoglio en 1943, l'une des deux grandes crises de l'histoire politique de la guerre. A tous les Français qui, pendant longtemps, ont été fidèles à Pétain, le double jeu a servi de caution. En connaître la nature et l'image est un enjeu pour l'histoire, car cela montre comment, de concession en concession, le régime s'est satellisé. A moins que, dans sa nature, il ne fût en partie fascisé.

L'idée du double jeu

Le 3 septembre 1939, la France et la Grande-Bretagne déclarent la guerre à l'Allemagne.
Le 10 mai 1940, la Wehrmacht attaque la Belgique, les Pays-Bas et le Luxembourg.
Le 14 mai, les lignes françaises sont enfoncées à Sedan : pour l'armée commence la débâcle et pour la population, l'exode.
Le 17 juin, le maréchal Pétain demande l'armistice.

On a appelé "double jeu" la pratique, en sous-main, par le maréchal Pétain d'une politique alternative à la collaboration. Son existence constitue une des grandes ambiguïtés de l'époque de Vichy. Elle pose aussi un double problème : d'abord, la réalité ou l'inexistence de cette politique ; ensuite, les effets que cette politique, effective ou non, a pu avoir sur l'état d'esprit des Français. Les signes de cette réaction de l'opinion ne manquent pas, et le Maréchal les a encouragés : "Voilà deux avions qui n'étaient pas invités à cette fête", déclare-t-il encore en mai 1944, en voyant deux avions allemands au-dessus de sa tête lors d'un meeting à Nancy. N'est-ce pas la preuve qu'il ne peut agir comme il le veut, et qu'il peut rarement le dire ? "J'ai échappé à mes gardiens", dit-il ailleurs, tandis que la presse, aux ordres, écrit que le Maréchal aurait au contraire affirmé : "Ces avions n'ont pas de mauvaises intentions... Il n'en est pas de même des autres..." Or, cela, aucun des cent mille témoins ne l'a entendu. Cet événement, infime, n'est que le dernier de tout un ensemble de constatations qui persuadent les Français que le Maréchal joue un double jeu : d'un côté, il collabore, certes, mais contraint et forcé ; de l'autre, il négocie comme il le peut avec les Américains.

Réalité ou mythe, l'idée du double jeu naît avec le renvoi de Laval par Pétain. Chantre du rapprochement avec l'Allemagne par pacifisme et par ressentiment envers les Anglais qui, en 1936, ont contrecarré ses efforts pour s'allier avec l'Italie, Pierre Laval prend sur lui d'incarner la collaboration — mais après juin 1940, en accord avec le Maréchal. Avec son renvoi, le 13 décembre 1940, il a paru clair aux Français — comme aux Allemands, du reste — que le Maréchal s'était débarrassé de son ministre parce qu'il jugeait trop entreprenante la politique de collaboration menée par celui-ci et dont le principe avait été défini deux mois plus tôt, lors de l'entrevue de Montoire. Ce "coup d'arrêt" a largement profité à la popularité du Maréchal, et le 13 décembre a longtemps été considéré comme un tournant important dans l'histoire de la collaboration. Grâce aux archives allemandes et françaises — ouvertes récemment —, il est permis de mieux savoir ce qui s'est passé. Or, le sens du 13 décembre en est quelque peu modifié.

La France sous le choc de la défaite : en un mois, ses troupes ont été littéralement balayées par le Blitzkrieg *allemand. Quelques jours après l'armistice, Hitler vient visiter Paris. "C'était le rêve de ma vie", confie-t-il.*
Ph © Musée d'Histoire contemporaine-BDIC/Arch. Casterman

Montoire et la collaboration

Comparés aux propos tenus par Laval à Montoire, ceux du maréchal Pétain n'apparaissent pas, sur le fond, comme essentiellement différents. En ce qui concerne le point fondamental aux yeux de Hitler — à savoir la responsabilité de la guerre —, Laval considère que la déclaration de la guerre par la France fut un "crime", Pétain "une folie". L'un et l'autre voient, dans la coopération ou la collaboration, "une issue pour la France", une solution pour recouvrer sa dignité. Pourtant, à Montoire, Laval et Pétain n'entament pas la discussion d'une façon similaire : le premier souhaite carrément la défaite de la Grande-Bretagne et, second point, il sollicite la collaboration du Führer ; le Maréchal reste, au contraire, très en retrait : il constate qu'avec la tragédie de Mers El-Kébir, — le 3 juillet 1940, les Anglais attaquent et

A Montoire-sur-le-Loir, le 24 octobre 1940, le maréchal Pétain espère obtenir des concessions en échange de la politique de collaboration : retour du gouvernement à Versailles, aménagement de la ligne de démarcation, mesures en faveur des prisonniers, etc. Mais n'obtenant rien, il parlera après coup de cette rencontre comme d'un simple "tour d'horizon".
Il semble bien que la "poignée de main" de la photographie ait été reconstituée après coup.
Ph © Musée d'Histoire contemporaine-BDIC/Arch. Casterman

coulent la flotte française de peur qu'elle ne passe aux Allemands —, Londres ne se conduit plus en allié ; à propos de la collaboration, il en accepte le principe, que Hitler lui propose ; il ne la sollicite pas, même si, au fond, il est aussi demandeur que Laval.

Dans l'entretien avec Hitler se fait jour un autre malentendu : le Führer demande que la France l'aide à acquérir des positions en Afrique ; or, le Maréchal considère qu'accepter le principe d'une collaboration est déjà une concession suffisante dont il attend une contrepartie. En fait, aucune compensation n'est prévue par le Führer, car les conversations seront menées indépendamment des travaux de la Commission d'armistice. Quelles sont les réactions de Pétain après Montoire ? Le témoignage de Dumoulin de Labarthète est éloquent :

"— Etes-vous content, Monsieur le Maréchal ? L'entrevue s'est-elle bien passée ?

— Pas mal, j'avais peur de deux choses. De manquer d'assurance, d'abord. Je n'en ai pas manqué. Lui non plus, d'ailleurs. Et puis, d'en dire trop. Mais je suis resté en deçà de la ligne que je m'étais tracée avec le général Huntziger.

— Vous n'avez pas pris d'engagements immédiats ?

— Non, aucun. Eux non plus. C'était une simple conversation de principe, un tour d'horizon politique, comme dit l'Auvergnat."

"Pour qui me prend-on, enfin ? Est-ce lui ou moi que la France a appelé ?" Cette apostrophe de Pétain à l'égard de Laval, proférée après Montoire, exprime nettement la nature d'un lien longtemps obscur : celui qui existe entre la politique de collaboration, assumée par le Maréchal, et le renvoi du ministre qui semble en être l'incarnation.

Pour Pétain, la collaboration est une politique imaginée entre juin et décembre 1940, dont les modalités se modifièrent ultérieurement. Plusieurs fois depuis son rappel de l'ambassade de Madrid par Paul Reynaud en mai 1940, Pétain s'était imaginé qu'il serait chargé de mettre fin aux hostilités, qu'un jour il rencontrerait le Führer et qu'ils parleraient tous deux "en soldats". Cette négociation, c'est Mers El-Kébir qui va en fournir l'alibi ; en effet, à la Commission d'armistice, Huntziger déclare que "la France est pratiquement en guerre avec son allié d'hier". Le Führer ayant demandé à Vichy des avantages au Maroc, Pétain saisit la balle au bond et signe de sa main une lettre rédigée par Guérard invitant Hitler à une "négociation nouvelle". Parallèlement, le ministre des Affaires étrangères Baudouin fait savoir à l'Allemagne, par l'intermédiaire de l'Espagne, qu'il souhaite rencontrer Ribbentrop avec l'accord du Maréchal. Celui-ci demande de son côté à Bergery et au colonel Fonck — célèbre aviateur de la Première Guerre mondiale — de le mettre en rapport avec les Allemands. On a donc bien affaire à une initiative, moins d'un mois après l'armistice, et qui émane à proprement parler du Maréchal.

Ces tentatives n'aboutissent pas. La requête de Fonck est transmise par Goering... à Otto Abetz qui est précisément le correspondant privilégié de Laval. Ainsi, le message de Fonck interfère avec les négociations que Laval et Abetz mènent depuis le 29 juillet. Le 29 août, le gou-

Non seulement les dirigeants allemands ne concèdent rien mais, moins d'un mois après la rencontre Hitler-Pétain, ils prennent des mesures à contre-courant de "l'esprit de Montoire". Le 16 novembre, 70 000 Lorrains sont expulsés vers la France non occupée, à Lyon notamment. Au total, 150 000 Alsaciens-Lorrains, jugés inassimilables, seront expulsés.
Ph © Keystone

*V*ainqueur de Verdun, maréchal de France, Philippe Pétain, âgé de 84 ans, bénéficie d'une immense popularité. Nommé le 16 juin 1940 chef du gouvernement, il se donne pour mission d'arrêter la guerre et se fait accorder les pleins pouvoirs le 10 juillet par l'Assemblée nationale, mettant ainsi fin à la IIIe République. A la devise républicaine "Liberté-Egalité-Fraternité" se substitue désormais celle de "Travail-Famille-Patrie". Ici, la foule vient l'écouter lors d'un de ses déplacements à Thiers, le 1er mai 1942.
Ph © Coll. Viollet

vernement de Vichy lance un nouvel appel du pied, demandant de "rentrer à Paris, ce qui permettrait d'amorcer plus aisément des conversations politiques plus générales". Mais c'est Laval qui conduit Huntziger chez le maréchal Brauchitsch, le 23 septembre, et c'est encore Laval qui, croyant voir Ribbentrop, rencontre Hitler le premier. De sorte que, à Montoire, c'est Laval qui apparaît comme le maître d'œuvre ; bien sûr, Pétain vient négocier sur la proposition de Hitler, mais il ne joue pas le rôle d'initiateur qu'il avait imaginé. Le Maréchal juge que Laval en est la cause. D'ailleurs, très tôt, il lui fait "grief de ne pas l'avoir entretenu de ses conversations à Paris". En outre, au cours des jours suivants, les déceptions et les sujets d'irritation iront en augmentant : aucune proposition concrète n'émanera des milieux dirigeants allemands et aucun gain de prestige découlant de la politique de collaboration ne pourra être engrangé par Pétain — ni le retour à Versailles, ni l'aménagement de la ligne de démarcation, ni même quelques mesures en faveur des prisonniers, puisque, à la Commission d'armistice, Hemmen refuse toute interférence entre l'esprit de Montoire et les négociations d'armistice.

En outre, l'entourage du Maréchal insiste sur les gestes que Laval ne manque pas d'avoir envers les Allemands : cessions de la participation française aux mines de Bor, restitution de l'encaisse-or de la Banque de Belgique, etc.

Or, ces concessions sont faites sans contrepartie, sinon la restitution à la France des cendres du duc de Reichstadt, proposition symbolique qui allait être l'occasion d'une algarade. Laval imaginait que le retour des cendres du fils de Napoléon pourrait être l'occasion d'une réinstallation du gouvernement à Versailles, voire à Paris...

Pétain sent que, décidément, les rapports avec l'Allemagne lui échappent. En se rendant à Versailles, ne se mettrait-il pas — plus encore qu'auparavant — sous le contrôle de Laval et des Allemands ?

"Cet homme-là me trahit, je n'en veux plus", confie-t-il à qui veut bien l'entendre, de plus en plus ouvertement. En vérité, après Montoire, le Maréchal manifeste des sentiments mitigés. En fait, il déchante à propos de cette rencontre et en parle comme d'"une simple conversation", d'"un tour d'horizon". Il déclare de Hitler que "c'est un rien du tout" (propos tenus à Jacques Chevalier, ministre de l'Instruction publique) ; "un sauvage — précise-t-il à Carcopino, son successeur —, un médiocre qui n'a pas médité les leçons de l'Histoire." En conseil des ministres, Laval a donné une version plus véridique de la nature réelle de Montoire. Cette interprétation divergente ne peut que séparer davantage les deux hommes.

Le renvoi de Pierre Laval

Cependant, les autorités allemandes avaient pris bon nombre de mesures à contre-courant de l'"esprit de Montoire". Dès le 16 novembre, 70 000 Lorrains sont expulsés vers la France non occupée — au total, 150 000 Alsaciens-Lorrains, jugés inassimilables, seront expulsés. Par ailleurs, le mémorandum Warlimont (qui résume le point de vue officiel des Allemands sur les rapports avec la France) du 2 novembre 1940 considérait comme acquise une collaboration *militaire* et stipulait, d'une part, que l'entretien entre le Führer et Pétain avait pour but de parvenir à une collaboration la plus vaste possible pour conduire la guerre contre la Grande-Bretagne ; d'autre part, que "les desiderata français (sur les prisonniers, etc.) ne sauraient qu'être liés à nos exigences, à titre de compensation et *dans la mesure* où l'appui français entrerait en ligne de compte".

De fait, ces négociations menées par Huntziger et Laval dépassaient la façon dont Pétain avait envisagé de les

"Je fais à la France le don de ma personne pour atténuer son malheur." Timbres, cartes postales, chansons, livres ou, comme ici, "imagerie du Maréchal" accréditent l'idée que Pétain constitue un rempart contre les exigences allemandes et préserve les Français de désastres encore plus grands.
Ph © Musée d'Histoire contemporaine-BDIC/Arch. Casterman

conduire. C'est alors qu'eut lieu "le coup d'Etat du 13 décembre" qui coïncidait avec le transfert des cendres du duc de Reichstadt sous la coupole des Invalides à Paris. Les composantes de ce complot visant à renvoyer et à arrêter Laval sont, ainsi, assez faciles à dénouer:

1. Pétain est assez irrité, sur le fond, d'être dessaisi par Laval de sa conduite d'une grande politique.

2. Cette dernière n'a rien donné de concret dans les six semaines qui suivent l'entrevue de Montoire, sauf des déboires, des humiliations et des violations de l'armistice; il semble normal, légitime de faire retomber la responsabilité de ces échecs sur Laval.

3. Laval doit rencontrer Hitler ou Goering une deuxième fois pour préparer la reconquête de l'Afrique gaulliste: c'est là qu'apparaît la dimension purement antiallemande du complot contre Laval, qui rapproche les militaires et les services secrets. De fait, Laval n'entend pas du tout passer à une collaboration de caractère militaire, au moins contre les Anglais. Mais contre de Gaulle?

Le voyage à Paris pour le retour des cendres du fils de Napoléon — que Laval annonce triomphalement — sert

HITLER JUGE LA POLITIQUE

Ce qui me frappe avant tout dans la politique actuelle des Français, c'est que, voulant s'asseoir sur tous les sièges, ils ne sont jamais assis sur aucun. Cela s'explique par le fait que l'âme de ce pays est déchirée. Dans le seul gouvernement de Vichy, de nombreuses tendances sont représentées: le nationalisme antisémite, le philosémitisme clérical, le royalisme, l'esprit révolutionnaire, etc. Par surcroît de malheur, un homme énergique faisant actuellement défaut, aucune décision claire n'y peut être prise sur le plan politique. Il n'y a pourtant que deux chemins tracés pour une politique française, et la France ne saurait sortir de l'alternative suivante:

a) Elle renonce à son territoire métropolitain, son gouvernement s'installe en Afrique du Nord et elle poursuit la guerre contre nous avec toutes les ressources de son empire colonial africain.

b) Elle se joint aux puissances de l'Axe et sauve ainsi la majeure partie de son territoire. Elle intervient en Afrique centrale et s'assure là des possessions qui compenseront pour elle la perte des territoires qu'inévitablement elle devra céder, au moment du traité de paix, à l'Allemagne, à l'Italie et à l'Espagne. (...)

En revanche, si la France adopte la première solution, ou si elle persiste dans son attitude équivoque, il faut qu'elle s'attende à perdre sur tous les tableaux. D'une façon ou d'une autre, les Américains mettront le grappin sur la Martinique. Quant à l'Angleterre, non seulement il ne lui viendra pas à l'esprit de rendre Madagascar, mais elle s'efforcera de compenser ses pertes en Extrême-Orient en louchant vers les régions du Sud et de l'Ouest africain pour en faire de nouveaux dominions. Quant à l'Espagne, elle ne démordra pas de ses exigences — et l'Italie non plus. Le Japon lui-même n'aura pas l'idée de restituer l'Indochine à la France, où celle-ci ne dispose plus que d'une caricature de gouvernement. Un pays dont l'avenir dépend d'une alternative aussi tragi-

de détonateur : les ennemis de Laval veulent y voir un piège. Et de toute façon, l'opération ne plaît guère à Pétain.

Le complot peut ainsi être mené contre Laval par les conseillers les plus intimes du Maréchal, ceux qui connaissent son ressentiment : Alibert, Dumoulin de Labarthète, Baudouin surtout, qui a échoué dans ses propres tentatives de se rapprocher des Allemands, et l'amiral Darlan. Ce dernier semble jouer un double jeu : d'un côté, il reste évasif face aux demandes d'aide allemandes en Méditerranée ; de l'autre, il leur offre l'usage des installations maritimes françaises sur la côte d'Afrique du Nord. A droite, à gauche, l'amiral insiste sur l'impopularité de Laval au sein du gouvernement comme dans l'opinion publique — pour faire valoir que lui serait mieux placé pour pratiquer une vraie politique de collaboration.

Le 9 décembre, en présence du général de La Laurencie, le Maréchal décide de se séparer de Pierre Laval et il écrit au chancelier Hitler pour l'en informer. La lettre de Pétain, sous sa première forme manuscrite, disait : "(...) *Son maintien au pouvoir ne manquerait pas de susciter des difficultés et peut-être même des troubles de nature*

Opposé à l'entrée en guerre de la France, Pierre Laval mise d'emblée sur une victoire allemande. Le 22 juin 1942, il déclare : "Je souhaite la victoire de l'Allemagne parce que, sans elle, le bolchevisme demain s'installerait partout."
Il avait d'abord écrit : "Je crois en la victoire de l'Allemagne."
Ph © Lapi-Viollet

DE VICHY (13 MAI 1942)

que devrait avoir à sa tête un homme capable de tirer froidement les conséquences de la situation. Le maréchal Pétain n'est pas cet homme. Il est vrai qu'il a une extraordinaire autorité sur les Français, mais il le doit surtout au prestige conféré par la vieillesse. Quand il s'agit de prendre des décisions dont tout dépend pour l'avenir de son pays, absolument tout, je pense que l'expérience d'un homme de cet âge constitue un handicap. Moi-même, je constate qu'aujourd'hui j'y regarde à deux fois pour prendre une décision là où il y a une dizaine d'années je me serais lancé sans aucune hésitation. Les conditions étant ce qu'elles sont, une conversation avec le maréchal Pétain me paraît dénuée d'intérêt — quel que soit le respect que j'éprouve pour cet homme droit qui, lorsqu'il était en Espagne, a toujours eu des rapports courtois avec notre ambassadeur et qui par ailleurs n'a cessé de conseiller à son gouvernement de s'entendre avec l'Allemagne. Pour faire une comparaison, je dirais qu'il serait tout aussi indiqué de confier le grand rôle d'un opéra à un vieux chanteur couvert de gloire et, en présence du résultat lamentable, de se consoler à la pensée que, trente ou quarante ans auparavant, il avait de l'or au fond de la gorge. Ce qui est surtout regrettable, c'est que parmi les collaborateurs de Pétain, il ne se trouve personne pour prendre avec netteté les décisions qui s'imposent. Laval, par exemple, n'a derrière lui qu'un passé de parlementaire. Il résulte de tout cela que le gouvernement de Vichy n'a aucun pouvoir réel. Un gouvernement fantôme représente toujours un danger. Si la France est actuellement à l'abri de la décomposition, préservée des coups de main et de la guerre civile, elle le doit à la présence de nos troupes d'occupation, lesquelles constituent le seul pouvoir réel en France. ■

A. Hillgruber, *Les Entretiens secrets de Hitler*, pp. 115-116, Fayard, Paris, 1989.

à compromettre notre politique. J'ai décidé, en principe, de me séparer de lui, mais, en raison des relations qu'il entretient avec votre gouvernement, je désire avoir votre adhésion. Je voudrais avoir aussi votre agrément pour la désignation comme son successeur de M. Pierre-Etienne Flandin. Ce nom me semble devoir être une garantie de sincérité pour les efforts que la France continuera à faire en vue de la réalisation de nos projets (...)."

Cette lettre ne fut pas envoyée sur le moment, car, le lendemain 10 décembre, Laval devait proposer au Maréchal le voyage à Paris pour le retour des cendres de l'Aiglon. Juste avant l'arrivée de Laval à Vichy, le mot d'arrestation est prononcé pour la première fois. Dumoulin de Labarthète témoigne de cet entretien capital :

Le Maréchal en compagnie d'Otto Abetz, représentant de Hitler, et de l'amiral Darlan, nommé vice-président du Conseil début 1941. Partisan de la collaboration mais cultivant, comme Pétain, l'ambiguïté, Darlan va devenir insupportable aux Allemands, qui imposent le retour de Pierre Laval, le 17 avril 1942. Ph © Coll. Viollet

"Quand Brinon, le nez retroussé de plaisir, et Laval sortent, convaincus d'avoir emporté la partie — le retour des cendres et le voyage à Paris du Maréchal —, je gagne ma chambre et, à pas feutrés, je donne l'alerte. Trois quarts d'heure plus tard, les ministres sont dans mon bureau. Ils viennent de quitter le Conseil de cabinet. Ils sont sept ou huit : l'amiral Darlan, Baudouin, Peyrouton, le général Huntziger, Bouthillier, Caziot, l'amiral Platon, Alibert. Je les mets rapidement au courant de ce qui s'est dit dans le bureau du Maréchal, avec Laval qui veut l'entraîner dans ce voyage à Paris, et fais semblant de me retirer, mais ils insistent pour que je demeure auprès d'eux. J'assiste donc à l'élaboration du complot. Complot qui, dans leur pensée, n'est qu'un contre-complot. Car le but de Laval paraît clair : isoler le Maréchal, se débarrasser de ses ministres, constituer à Paris un nouveau gouvernement, avec Brinon, Luchaire, Déat, Doriot, et s'élancer, à bride abattue, dans les sentiers de la collaboration.

"Il y a dans l'air un peu de flottement, mais Peyrouton, sortant de son mutisme, déclare que l'arrestation de Laval ne pose aucun problème technique, il en prend la responsabilité. Tout se passera dans l'ordre, et les Allemands ne réagiront qu'avec retard — malgré les craintes de Huntziger. Le Maréchal en sortira grandi dans l'opinion.

"Un quart d'heure plus tard, le Maréchal me fait appeler. Il y a auprès de lui Baudouin et Peyrouton. Son attitude ferme et décidée me surprend. Cet homme qui semblait fléchir il y a une heure — à moins qu'il ne jouât superbement la comédie — paraît avoir mangé du lion. Ses ministres l'ont dopé. "Monsieur Laval me trahit, je vais lui dire en face ; convoquez le Conseil des ministres pour ce soir, Bouthillier, préparez les pièces."

Le soir même, Pétain prie tous ses ministres de signer la lettre de démission qu'il a préparée. Tout le monde signe, y compris Laval. Le Maréchal se retire quelques instants, puis revient en annonçant que seules les démissions de Ripert[1] et de Laval sont acceptées. Réplique de Laval :

"— Il y a une erreur, monsieur le Maréchal.

— Mais non, monsieur Laval, il y a même si peu d'erreur que c'est surtout pour vous que je parle et, tenez, je vais vous le dire tout de suite, c'est pour vous tout seul, car je n'ai plus confiance en vous. Et puis vos amis font à Paris la plus détestable besogne, ils m'attaquent en attaquant mes ministres, j'en ai assez, j'exige votre départ."

Là-dessus, Laval répond :

"— Vous avez effacé, monsieur le Maréchal, tout ce que j'ai préparé depuis trois mois dans l'intérêt de la France. Les Allemands sauront très bien qu'en vous séparant de moi, c'est à la collaboration que vous avez voulu tourner le dos. Ils comprendront que vous êtes leur ennemi, que vous ne respectez même plus l'armistice. Vous vous lancez à la légère dans l'aventure la plus folle. Du sang peut couler, je souhaite que ce sang ne retombe pas sur vous, monsieur le Maréchal."

Simultanément et sans que Pétain, semble-t-il, en ait été directement informé, Dumoulin de Labarthète envoie

L'amitié ostentatoire du maréchal Pétain avec l'amiral Leahy, ambassadeur des Etats-Unis à Vichy, a contribué à faire naître l'idée d'un double jeu.
De fait, il y eut bien jusqu'à la fin 1941 un rapprochement entre Vichy et les Américains — lesquels veulent que la France garde la maîtrise de sa flotte et de ses colonies —, mais qui n'influa guère sur la politique collaborationniste.
Ph © Keystone

à La Laurencie le célèbre message : "La maréchale a franchi la ligne de démarcation", qui donne l'ordre d'arrêter Déat, et Peyrouton se charge de l'arrestation de Laval. Ce dernier est mis en garde à vue. Entre-temps, un coup de téléphone discret a demandé à Pierre-Etienne Flandin de rejoindre Vichy, où il doit prendre ses fonctions de ministre des Affaires étrangères.

Du point de vue du Maréchal, le renvoi de Laval était dû à un certain nombre de données conjoncturelles ou profondes. Pour l'affaire des cendres de l'Aiglon, Pétain s'était senti mis devant le fait accompli. Parce que Laval le dessaisissait, en tout, de la conduite des négociations avec l'Allemagne, Pétain décida de s'en séparer brutalement : Laval se considérait comme le chef de l'Etat, alors qu'il n'était que le chef du gouvernement. Mais cela ne mettait guère en cause la politique de collaboration.

La réaction allemande

Pour les Allemands, le renvoi de Laval ne fut pas une simple mesure de politique intérieure, comme l'avait prétendu le Maréchal, mais plutôt — aux yeux d'Abetz, de Ribbentrop et à ceux de Hitler surtout — le pire des affronts. Le 18 décembre, dans un rapport au Führer, Abetz écrivait : "Une affaire intérieure ? Certes, Laval est antipathique à l'armée, à l'Eglise, au grand capitalisme. On a fait croire que les funérailles du duc de Reichstadt permettraient d'arracher à Pétain la nomination de Laval comme président du Conseil et de limiter Pétain au rôle d'ancien président de la République. Néanmoins, il y a une connotation antiallemande dans le renvoi de Laval, puisque Pétain a dit que « Laval n'était pas bien vu des gouvernements étrangers ». Il ne peut avoir songé qu'aux Anglo-Saxons." Le 17 décembre au matin, Abetz, accompagné de dix SS armés, se rend au Pavillon Sévigné afin d'annoncer au maréchal Pétain les conditions allemandes pour un remaniement ministériel :

1. Le Führer considère le renvoi de Laval comme un affront fait à lui-même. L'Allemagne ne pourra maintenir la politique de collaboration qu'un geste généreux du Führer avait rendue possible.

2. La décision de me séparer de Laval est irrévocable, répond Pétain. Si L'Allemagne persistait à vouloir le réintégrer, je serais, moi, obligé de démissionner.

> *"Finalement, cette crise du 13 décembre nous permet d'intervenir désormais directement dans la politique intérieure de la France."*
>
> Otto Abetz à propos du renvoi de Laval

Laval arrive sur ces entrefaites et une scène très dure éclate entre lui et le Maréchal. Laval s'écrie : "Nous n'avons jamais été en désaccord, même pas sur le choix d'un seul préfet. Pourtant, vous me reprochez ma politique étrangère, la politique de Montoire. Pourtant, vous y êtes allé, librement. Vous m'avez dit que c'était l'intérêt de la France. L'intérêt de la France, c'est de s'entendre avec son vainqueur dans l'honneur et dans la dignité... Comme une girouette, vous tournez à tous les vents."

Abetz est donc le témoin de ces propos, et il conclut dans son rapport au Führer : "Finalement, cette crise du 13 décembre nous permet d'intervenir désormais directement dans la politique intérieure de la France. Le couple Darlan-Pétain serait le meilleur ; Darlan a prouvé son anglophobie car pas un seul navire ne s'est déclaré en juin 1940 pour de Gaulle."

Abetz se fit communiquer la lettre que Pétain destinait au Führer, et selon laquelle Laval aurait constitué, en quelque sorte, un obstacle à la politique de collaboration. D'ailleurs, Pétain y fait allusion dans une deuxième missive à Hitler, le 25 décembre 1940 ; il a eu entre-temps le loisir d'observer les réactions allemandes au renvoi de Laval : "Si Votre Excellence a pu croire que les décisions que j'ai été amené à prendre à l'égard de Pierre Laval ont eu pour cause un changement de ma politique, une

Laval imaginait que le retour des cendres de l'Aiglon, seule "concession" allemande, serait l'occasion d'une réinstallation du gouvernement à Versailles, voire à Paris. Pour le Maréchal, ce retour sert de détonateur au renvoi de son ministre, non pas à cause de la politique de collaboration, mais parce que cette politique lui échappe.
Ph © Coll. Viollet

sorte de retour sur des intentions formelles de pratiquer une loyale collaboration avec l'Allemagne, je souhaite tout d'abord effacer cette impression." Et de conclure : "En ce qui concerne d'autres modifications à l'intérieur de mon gouvernement, je ne manquerai pas de prendre diverses mesures qui ne manqueront pas d'affecter favorablement le développement de la politique de collaboration à l'égard de laquelle je ne tolérerai ni écart, ni tiédeur de la part d'aucun de mes collaborateurs..."

Cette lettre est portée par Darlan au Führer, qui s'en montre furieux, et — ajoute Schmidt, l'interprète — "l'amiral Darlan insista alors respectueusement pour que l'Allemagne accepte de bien vouloir collaborer avec la France". Abetz commente : "Vraiment, cela fait comprendre aux risque-tout du 13 décembre qu'ils ont commis un acte d'une imbécillité formidable. Les gens de Vichy ont vraiment oublié qu'il existait des armées allemandes..."

Abetz, partisan chaleureux de la réconciliation franco-allemande, tentait de résoudre la crise entre Berlin et Vichy. Par l'intermédiaire de Brinon et de Benoist-Méchin, il fit demander à Laval de présenter ses excuses au Ma-

LE "DÉPART" DU MARÉCHAL

Préparé, prémédité par Otto Abetz, avec l'appui de Pierre Laval, le départ du maréchal Pétain n'a pas eu lieu, parce que, contre toute attente, il a cédé sur toute une série de problèmes tels que la mise sous contrôle allemand de son activité politique, ce qui signifiait la perte de la souveraineté nationale. La proclamation annonçant son départ était prête, mais elle demeura sans emploi. Son intérêt n'en est pas moins considérable, car ce qui n'a pas eu lieu est aussi l'Histoire. Nous avons trouvé ce texte aux Archives nationales :
"A l'origine du départ de Pétain, il y a la tragédie personnelle du vétéran chargé par son peuple, dans un moment critique, de liquider définitivement les fautes de la IIIe République, de constituer un Etat où règne l'ordre social, et d'assurer le relèvement de la France dans une Europe nouvelle. Le Maréchal n'a pas su venir à bout de cette tâche. Sa personne a servi à couvrir des machinations de la camarilla militaire et d'intrigants de l'acabit du Dr Ménétrel — médecin personnel du Maréchal — et de ses acolytes anglo-américains. En les tolérant [...], il a mis le pays au bord de la banqueroute extérieure et intérieure.
"1. Dans la politique intérieure, l'ère Pétain a, derrière la façade creuse de l'Etat français et de la Charte du travail, mené à un état d'arrêt complet et à une panne des rouages de l'administration ainsi qu'à une tendance sociale réactionnaire non conforme aux besoins sociaux de la population des travailleurs. Cela a donné lieu à des suppositions capables de favoriser le terrorisme qui règne. Si l'activité des membres du cabinet, qui luttaient contre cet état de choses fâcheux, a été continuellement paralysée, il faut l'attribuer au Maréchal et à son entourage irresponsable.
"2. Du point de vue de la politique extérieure, les espoirs fondés par le peuple français sur le Maréchal ont été déçus d'une façon particulièrement grave. Des événements du 13 décembre 1940, de la prépara-

réchal. "Quoi ! avait répondu Laval. C'est à lui de me faire des excuses." Une entrevue fut cependant ménagée. Le 8 janvier 1941, le Maréchal rencontre Laval à La Ferté-Hauterive. Mallet et Dumoulin de Labarthète, collaborateurs les plus proches de Laval et Pétain, sont présents.

Dumoulin témoigne : "Laval a affirmé son loyalisme envers le Maréchal et lui a demandé pourquoi celui-ci lui avait retiré sa confiance. Pétain lui a répondu qu'il n'avait jamais douté du patriotisme de Laval. Toutefois, il avait eu trois considérations qui, malheureusement, l'avaient contraint à céder aux instances de son entourage. 1. Laval était impopulaire ; 2. Il ne fournissait pas assez de comptes rendus ; 3. On craignait que son anglophobie ne le conduisît à une déclaration de guerre à l'Angleterre." Laval répond que Peyrouton remettait des rapports de police au Maréchal en disant systématiquement que Laval était impopulaire ; qu'on l'empêchait de s'exprimer publiquement parce que la popularité devait être réservée exclusivement au Maréchal ; que, d'autre part, il ne remettait pas de rapports écrits car ils auraient pu atterrir sur le bureau de Churchill.

PÉTAIN (3 DÉCEMBRE 1943)

tion de la défection de l'empire colonial français en faveur des Anglo-Américains et de la reprise de la guerre contre l'Allemagne ; de la dissidence de l'Afrique du Nord, dans laquelle le Maréchal et son entourage ont été tout au moins complices, et à laquelle il a prêté assistance, en protégeant constamment et sans réserve les personnalités politiques et militaires dirigeantes de l'empire, décidées depuis longtemps à trahir, de la dissolution de l'armée française et du sabordage de la flotte à Toulon, qui constitue une répercussion de la défection de l'Afrique du Nord, de tous ces événements le Maréchal porte en son nom la responsabilité historique.

Ainsi il a lui-même sabôté la politique de [*mots mutilés*], politique qui, pratiquée honnêtement, aurait permis un nouveau relèvement de la France. "3. Enfin, le 13 novembre de cette année, le Maréchal et ses acolytes ont entrepris la tentative de rétablir dans ses droits, par une révision de la Constitution, l'Assemblée nationale, c'est-à-dire les anciens partenaires qui, en déclarant la guerre, se sont rendus coupables de la débâcle française et ont définitivement démissionné le 10 juillet 1940. Cela devait préparer le rattachement à la démocratie des Anglo-Américains et jeter un pont vers la dissidence, tentative qui, à vrai dire, vue du côté des Anglo-Américains et de leurs satellites à Alger, ne fait que récolter raillerie et dérision. En cherchant à légitimer le nouveau parlementarisme de la IIIe République, le Maréchal a définitivement manqué à la mission historique que lui avait confiée le peuple français en juillet 1940 et s'est déclaré lui-même en faillite.

Son départ et la liquidation définitive de sa camarilla ont maintenant ouvert un champ libre à la vraie France nationale ; qui aspire à la sécurité, à la tranquillité et à la justice sociale dans une nouvelle Europe protégée contre les attaques du dehors, et qui désire une réconciliation définitive avec l'Allemagne." Abetz ■

Le 19 août 1942, une tentative de débarquement anglo-canadien échoue à Dieppe et se solde par de lourdes pertes (un millier de morts, autant de blessés). Les Français ont été avertis qu'il ne fallait pas bouger. De son côté, Pétain félicite le Führer d'avoir chassé "les envahisseurs".
Ph © Coll. Viollet

Les deux politiques de Vichy

A la fin de 1940, seuls les familiers du Maréchal connaissaient les données exactes du renvoi de Laval. Bientôt, le voyage de l'amiral Darlan en Allemagne, la politique de collaboration militaire ébauchée sous son égide donnèrent une dimension nouvelle aux rapports franco-allemands. Le seul opposant réel au rapprochement esquissé par Laval et Pétain, poursuivi par Darlan, était le général Weygand. Les Allemands le savaient, mais qui, en France, en avait connaissance, hors des milieux dirigeants ? Pas le public, en tout cas, qui demeurait sur l'impression du renvoi de Laval, chantre de la collaboration.

Il reste que le mythe du double jeu commençait à apparaître, alimenté, dans la réalité, par les rapports privilégiés que le Maréchal entretenait d'abord avec Louis Rougier, envoyé secret du Maréchal auprès de Churchill en septembre 1940, et dont très abusivement, en 1945, on a pu présenter la mission comme la contrepartie de Montoire. En vérité, cette mission de Louis Rougier, suscitée par Jacques Chevalier, le ministre de l'Instruction publique, avait pour objet d'obtenir des Anglais qu'ils desserrent le blocus et de les assurer que le Maréchal "ne leur en voulait pas", sans doute de Mers El-Kébir. Ces négociations eurent lieu, effectivement, et elles permirent de renouer ensuite avec les Anglo-Saxons par l'intermédiaire du Canadien Pierre Dupuy. Tout cela a bien eu lieu, mais fut sans portée réelle. Le public n'en sut rien, mais il eut connaissance de l'amitié ostentatoire qu'à Vichy le Maréchal portait à l'amiral Leahy, ambassadeur des Etats-Unis. On sut, également, que le gouvernement de Vichy saluait l'aide américaine, et les accords de Murphy-Weygand, du 26 février 1941, constituèrent bien les premiers pas d'un rapprochement réel entre Vichy et les Américains. En rendant explicite le contrôle des Américains sur la distribution des vivres apportés à l'Afrique du Nord, l'accord visait manifestement à empêcher leur confiscation lors de leur arrivée en métropole.

A cette date, le premier trimestre 1941, le gouvernement de Vichy a bien deux politiques : l'une, qu'incarne Weygand, de résistance aux Allemands et de réarmement — moral, puis économique, puis militaire... — de l'Afrique du Nord ; l'autre, qu'incarne Darlan, et qui renoue avec la politique de rapprochement avec l'Allemagne, en introduisant au gouvernement le parti de la "collaboration économique" animé par Lehideux, Bichelonne, etc., et surtout Benoist-Méchin qui va plus loin et prône une vraie collaboration militaire. Entre les deux, Pétain oscille.

Fernand de Brinon, fondateur du Comité France-Allemagne, Karl-Albrecht Oberg, commandant en chef des SS et de la police en France, et Joseph Darnand, secrétaire général de la Milice, lors d'une cérémonie de la Milice aux Invalides, le 1ᵉʳ juillet 1944.
Ph © Harlingue-Viollet

Le double jeu n'est plus qu'un masque

L'épreuve éclate lors de l'affaire de Syrie, les Allemands demandant à bénéficier des aéroports français pour aider l'Arabe Rachid Ali à chasser les Anglais de l'Irak. L'invasion de la Yougoslavie, de la Grèce — qui a eu lieu en mai et juin 1941 —, les succès fulgurants de la Wehrmacht amènent Darlan, au pouvoir, à négocier avec Hitler une politique du "donnant, donnant", que Pétain freine mal, et qui se heurte à l'opposition de Weygand lorsqu'il est question de laisser les Germano-Italiens passer leurs forces de Sicile en Tunisie. Avec l'invasion de l'URSS, la croisade qu'elle prétend représenter, le double jeu n'est plus qu'un masque, Darlan imposant sa "Realpolitik" de collaboration toujours plus étroite, ce qui se traduit, fin 1941, par l'éviction de Weygand. Pétain n'oscille plus.

A partir de cette date, le double jeu change de sens. Sur le plan diplomatique, il n'a plus de substance, et l'ambassadeur Leahy quitte d'ailleurs Vichy dès que le retour de Laval (17 avril 1942) entérine ce tournant politique. Ce qui est nouveau, c'est que le Maréchal rend sensible le fait qu'il subit la politique de collaboration, multipliant les signes attestant qu'il n'est plus libre de ses décisions — avant de l'être de ses mouvements. Or, cette manière de présenter la situation n'est qu'en partie exacte. Car, dès qu'il s'agit, par exemple, de bouter de Gaulle hors d'Afrique équatoriale, Pétain va plus loin que Laval dans le projet d'une collaboration militaire avec les Allemands ; il en va de même après le débarquement de Dieppe en août 1942. Quoi qu'il en soit, le mythe du double jeu survit, et le rôle ambigu de Darlan en Afrique du Nord, lors du débarquement allié, le perpétue puisque l'Amiral déclare agir "au nom du Maréchal".

Etant donné que le Maréchal, à la différence de Laval et de ses collaborateurs de Paris, n'a jamais dit qu'il souhaitait la victoire de l'Allemagne, les Français demeurent circonspects quant à son attitude véritable. Pourtant réservé vis-à-vis des Allemands, le Maréchal est répressif vis-à-vis des résistants qui les combattent les armes à la main. La propagande du régime, réanimée par Philippe Henriot, manifeste clairement son hostilité envers les Anglo-Saxons ; et de Gaulle, naturellement. A des titres divers, les militaires, le bas clergé, les appelés au STO distinguent de plus en plus mal ce qui pourrait être la manifestation d'une politique du double jeu... Survit seulement cette double idée : 1. que le Maréchal subit la collaboration, alors qu'on ignore que le régime est souvent à l'origine de cette politique ; 2. et que Pétain préconise seulement un non-engagement aux côtés des Alliés — qu'une politique de répression, de type carrément fascisant, assure —, alors que ce même Maréchal bénit les drapeaux français qui combattent le bolchevisme...

Quand il s'agit de combattre de Gaulle en Afrique ou de mener la répression contre les résistants, Pétain n'éprouve guère d'hésitation et le régime montre sa véritable orientation. Ici, une opération de police en Haute-Savoie.
Ph © Coll. Viollet

De novembre 1942 à août 1944, Pétain demeurait tapi tandis que Laval jouait carrément la carte allemande, condamnant le "double jeu" : "Il n'existe que deux politiques, celle de de Gaulle et la mienne, ne cesse-t-il de répéter. Que l'Allemagne l'emporte et, grâce à moi, la France aura sa place en Europe. Que les Alliés gagnent, et je serai fusillé..."[2]

C'est aussi cette différence qui, après 1943, alimente le mythe du double jeu, alors que, dans les faits, la politique des deux protagonistes n'était guère différente.

---

[1] Le ministre de l'Education nationale Ripert n'avait pas su prévenir les manifestations d'étudiants anti-allemandes, le 11 novembre ; son renvoi donnait le change...
[2] En vérité, en juillet 1944, Laval essaie lui aussi de renouer, néanmoins, par l'intermédiaire d'Edouard Herriot, avec les Américains, comme il avait essayé, mais vainement, durant l'été 1942, avant le débarquement en Afrique du Nord.

Chapitre 3
LA RUPTURE DU PACTE GERMANO-SOVIÉTIQUE

22 JUIN 1941, 4 HEURES DU MATIN : LES ALLEMANDS ATTAQUENT L'URSS, ROMPANT AINSI LE PACTE CONCLU DEUX ANS PLUS TÔT ENTRE STALINE ET HITLER. DE LA SIGNATURE À LA RUPTURE : HISTOIRE ET FONCTIONNEMENT D'UN ACCORD SECRET.

La conclusion du Pacte germano-soviétique, le 23 août 1939, a signé la faillite de la diplomatie alliée qui, depuis la capitulation de Munich, essayait de s'associer à l'URSS, mais aux moindres frais et sans grande conviction. Hitler fut surpris qu'en dépit du Pacte, qui sacrifiait la Pologne, l'Angleterre assurât celle-ci qu'elle garantirait ses frontières. Le Pacte contenait ainsi en lui la guerre, puisque l'Angleterre tint parole et que la France suivit.

Le Pacte suscita également un traumatisme chez les communistes, en France notamment, mais aussi chez les fascistes : car cette alliance leur paraissait innommable, et il fallait la justifier. Les communistes ont toujours dit que Staline fut obligé de conclure le Pacte pour prévenir la menace allemande et gagner du temps, puisque les Alliés s'étaient dérobés. Pour sa part, lors de la rupture du Pacte, Goebbels a déclaré que la Wehrmacht, en attaquant, voulait prévenir une invasion soviétique.

Au vrai, ni les communistes ni Goebbels n'étaient vraiment au fait des dispositions de Staline. Et ce furent les Allemands plutôt que les Soviétiques qui conclurent le Pacte pour gagner du temps : celui de vaincre la France avant de s'attaquer à l'URSS et de constituer son espace vital en Europe centrale, voire jusqu'en Ukraine.

Quant à Staline, il semble bien que dès 1936 il juge la guerre nécessaire contre l'Allemagne, mais il veut la faire associé aux Anglo-Français et conclut avec l'Allemagne pour diviser les ennemis du communisme, briser l'encerclement. Or, il pense que sa future guerre contre l'Allema-

Préparée par Hitler dès la fin de l'année 1940, l'opération Barberousse se donne pour objectif d'atteindre Leningrad, Moscou, Kiev avant l'hiver.
En juin 1941, 3 millions d'hommes, 10 000 chars et 3 000 avions allemands enfoncent en quelques semaines les premières lignes soviétiques. Le 10 juillet, la Wehrmacht a envahi les pays Baltes, la Biélorussie et une grande partie de l'Ukraine. L'attaque fulgurante des Allemands a indéniablement pris Staline par surprise...
Ph © Musée d'Histoire contemporaine-BDIC/Arch. Casterman

Officiellement journaliste accrédité auprès de l'ambassadeur d'Allemagne à Tokyo, le célèbre espion soviétique Richard Sorge annonce, dès mars 1941, l'intention de Hitler d'attaquer l'URSS. Mais Staline n'ajoute pas foi à ces informations car il pense que la guerre, certes inévitable, n'aura pas lieu avant 1942.
Ph © Keystone

gne ne saurait être qu'offensive et il respecte le Pacte pour gagner du temps. Ainsi, ce temps, Staline ne l'aurait pas gagné en concluant le Pacte, mais en le respectant. Ce qui change toutes les perspectives...

Les mauvais calculs de Staline

— Que faisons-nous ?

A la question du maréchal Joukov qui venait de lui annoncer que l'aviation nazie avait bombardé Kiev, Minsk, Vilnius, Staline n'avait pas répondu. Joukov avait dû répéter la question... Il était quatre heures du matin, ce 22 juin 1941. Deux heures plus tôt, les membres du Bureau politique venaient de se séparer après que l'on eut fait état des déclarations de plusieurs déserteurs allemands qui annonçaient l'attaque prévue pour le lendemain... Certes, ce n'était pas la première information de cette nature. On en a comptabilisé plus de quatre-vingt-quatre, et la plus fameuse émanait de Sorge, l'espion soviétique à Tokyo, qui avait donné toutes les précisions sur la date et l'ampleur de l'attaque, car il avait eu connaissance des confidences de Hitler à Oshima, ambassadeur du Japon à Berlin, le 3 juin (et le 14 juillet, Hitler rappela à Oshima qu'il lui avait prédit qu'il frapperait le premier). Mais Staline n'avait pas ajouté foi à ces informations : il ne voulait pas croire à une attaque allemande et craignait une provocation. Joukov lui avait lu une directive où était soulignée la nécessité "d'actions décisives conformément au plan opérationnel de contre-attaque". "Il est prématuré de donner cette directive, dit Staline, la question peut s'arranger encore pacifiquement. Les troupes de la région frontalière ne doivent céder à aucune provocation." "La mission de nos troupes est de ne céder à aucune provocation", répète l'Instruction.

A peine s'étaient-ils séparés que Joukov avait appris l'attaque massive... Staline ne voulait pas croire que c'était la guerre, une vraie, qui commençait, et pas une simple bataille comme les Soviétiques en avaient livré une récemment aux Japonais... Il refusa d'annoncer la nouvelle aux Soviétiques, et Molotov en fut chargé. Sait-on jamais, peut-être cette guerre, même déclarée, tournerait-elle court ?

Depuis deux ans, en effet, le Pacte était passé par des hauts et des bas, mais Molotov et Staline avaient fait leurs calculs : la guerre, certes, était inévitable, mais ils avaient jugé qu'elle n'aurait pas lieu avant un an, avant l'été 1942.

Cette assurance tenait à toutes sortes de raisons — et d'abord aux conditions dans lesquelles avait été conclu le Pacte avec Hitler, comment cet accord avait évolué. En France, on a surtout examiné le choc que ce Pacte a produit sur les communistes, ses effets sur la politique intérieure. L'histoire du Pacte lui-même, une fois conclu, a été d'autant plus ignorée qu'en ce temps-là, les Français vivaient le traumatisme de leur défaite.

La faillite de la diplomatie alliée

Dans son *Journal de captivité* publié récemment, Edouard Daladier écrit à la date du 22 juin 1941 : "Si Staline s'était allié à nous, en septembre 1939, comme je le lui proposais sans relâche, nous serions libérés du cauchemar nazi." Le jugement est à la fois exact et excessif. Vrai, en ce sens que, sachant la France et l'Angleterre incapables de sauver seules la Pologne, le gouvernement Daladier-Bonnet a jugé que, impossible à deux, la dissuasion serait possible à trois. "Donnez-nous un accord à tout prix", dit Daladier au général Doumenc lorsqu'il le charge de négocier un accord militaire à Moscou. Excessif car pressé de conclure, le gouvernement fran-

En mars 1939, la Wehrmacht avait pénétré dans Prague, au mépris des engagements pris à Munich (28 septembre 1938), qui accordaient à l'Allemagne le contrôle du seul territoire des Sudètes. La Tchécoslovaquie est désormais rayée de la carte. Hitler — mais aussi Staline — comprend que les gouvernements français et britannique sont prêts à toutes les concessions.
Ph © Coll. Keystone

çais sait que les Anglais veulent faire traîner la négociation — pour maintenir une pression sur Hitler, disent-ils —, et Paris se laisse embourber par son allié dans une définition obscure des garanties que l'Ouest offrirait à Moscou si la Pologne ou la Roumanie étaient attaquées. Moscou veut les étendre aux pays Baltes, Londres à la Hollande. Surtout, Moscou considère qu'un accord politique n'a pas de sens s'il ne s'accompagne pas d'un accord militaire : or, celui-ci implique l'entrée des Russes en Pologne si l'Allemagne attaque à l'Ouest ; et de cela, le gouvernement polonais ne veut pas entendre parler — que ce soit Moscou ou Paris qui le demande. Quand Daladier juge enfin possible de dire aux Russes qu'on peut se passer de l'assentiment polonais, c'est trop tard, Staline a déjà conclu avec Hitler.

C'est que ces négociations traînaient depuis plus de cinq mois. Et qu'elles s'étaient déroulées dans un climat de méfiance réciproque. Les Anglais et les Français avaient peur de l'interventionnisme soviétique et voulaient éviter toute provocation qui eût pu déclencher la guerre. Comme les Soviétiques rejetaient tout accord politique qui n'ait pas inclus une clause de réciprocité, les Franco-Britanniques voyaient dans cette attitude une dérobade. Car les échos d'une négociation germano-russe avaient

LES ACCORDS SECRETS

Moscou, le 23 août 1939.
Texte de l'accord :
« A l'occasion de la signature du traité de non-agression entre le Reich allemand et l'Union des Républiques socialistes soviétiques, les représentants soussignés des deux parties ont discuté, au cours d'une conversation tout à fait confidentielle, du problème de la délimitation des sphères d'influence de chaque partie en Europe orientale.
« Cette conversation a eu le résultat suivant :
« 1°. En cas de changement politico-territorial dans les territoires appartenant aux Etats de la Baltique — Finlande, Estonie, Lettonie et Lithuanie — la frontière septentrionale de la Lithuanie formera la ligne de démarcation des sphères d'intérêts entre l'Allemagne et l'URSS. Les deux parties reconnaissent les intérêts de la Lithuanie sur le territoire de Vilna.
« 2°. En cas de changement politico-territorial dans les territoires appartenant à l'Etat polonais, les sphères d'intérêts entre l'Allemagne et l'URSS seront divisées approximativement selon une ligne suivant les rivières Narew, Vistule et San. La question de savoir s'il est désirable, dans l'intérêt des deux parties, de maintenir un Etat polonais indépendant, et comment les frontières de cet Etat devraient être fixées, ne pourra être éclaircie d'une façon définitive qu'au cours de développements politiques ultérieurs. De toute façon, les deux gouvernements résoudront cette question par la voie d'une entente amicale.
« 3°. En ce qui concerne le sud-est de l'Europe, l'URSS souligne l'intérêt qu'elle porte à la Bessarabie. L'Allemagne déclare qu'elle n'a aucun intérêt politique dans cette région.

filtré depuis avril et ils faisaient suite à un accord économique. Le remplacement de Litvinov par Molotov, beaucoup plus raide, alimentait cette méfiance : après Munich, Litvinov n'avait-il pas dit, devant Coulondre alors ambassadeur français à Moscou, que cette politique anglo-française risquait de conduire à un rapprochement germano-russe, et qu'il se ferait aux dépens de la Pologne ?

De leur côté, depuis Munich, les Soviétiques ont pu mesurer jusqu'où les Anglo-Français avaient pu reculer ; ils avaient bien noté aussi leur mise à l'écart de ces négociations alors qu'ils avaient un accord avec Prague. En outre, l'écho donné, après Munich, à l'accord naval anglo-allemand, puis au rapprochement franco-allemand — au vrai, placé seulement sous l'égide du Comité France-Allemagne —, mais qui fut une sorte de fête, voilà qui rend Staline tout soupçonneux. Il juge que les Alliés essaient de détourner la puissance allemande vers l'Est ; et, alors qu'avec Berlin la négociation avance, par petits coups secs, avec les Alliés, les tergiversations cachent, juge-t-il, le désir de ne pas aboutir — ce qui est presque vrai pour les Anglais —, à cette date au moins. Quant aux dirigeants français, tel Georges Bonnet, on les soupçonne de saboter la négociation. Et puis, alors que pour voir Hitler les Alliés se précipitent en avion, que signifie

Pensant que les gouvernements français et britannique cherchent en fait à s'allier avec l'Allemagne contre l'URSS, Staline et Molotov veulent désamorcer cette "coalition" en signant un accord de non-agression avec Hitler. En outre, le Pacte offre à l'URSS des avantages considérables : les trois pays Baltes, la Bessarabie et une partie de la Pologne.
Ph. © L'Illustration/Sygma

GERMANO-SOVIÉTIQUES

« 4°. Ce protocole sera traité par les deux parties d'une manière absolument secrète.

« Signé :
« Pour le gouvernement allemand : J. von Ribbentrop
« Au nom du gouvernement de l'URSS : V. Molotov. »

Le second accord porte le titre : « Accord secret » et est daté de Moscou, le 28 septembre 1939.
Il est également signé par MM. Ribbentrop et Molotov.
En voici le texte :
« Les plénipotentiaires soussignés déclarent qu'un accord est intervenu entre les gouvernements du Reich allemand et de l'URSS de la façon suivante : « Le paragraphe n° 1 du protocole secret du 23 août 1939 est modifié en ce sens que le territoire de l'Etat lithuanien passera dans la sphère d'intérêts de l'URSS, tandis que, d'autre part, le district de Lublin et une partie du district de Varsovie passeront dans la sphère d'intérêts de l'Allemagne. Aussitôt que le gouvernement de l'Union soviétique prendra des mesures spéciales sur le territoire lithuanien pour la protection de ses intérêts, l'actuelle frontière germano-lithuanienne sera rectifiée afin d'établir une frontière naturelle et simple, de sorte que le territoire lithuanien se trouvant au sud-ouest de la ligne indiquée sur la carte ci-jointe appartiendra à l'Allemagne.
« De plus, il est établi que les accords économiques actuellement en vigueur entre l'Allemagne et la Lithuanie ne seront pas gênés par les mesures de l'Union soviétique mentionnées ci-dessus. » ■

Henry de Chambon, *La Tragédie des nations baltiques*, Editions de la Revue parlementaire, Paris.

cette offense de prendre un navire de croisière pour rendre visite à Staline ? En juillet 1939, quand Hitler menace Dantzig, n'y a-t-il pas urgence ? Enfin, lorsque, à Moscou, Staline s'aperçoit que la délégation franco-anglaise ne comprend pas même un ministre ou un secrétaire d'Etat : "Allons, dit-il à Molotov, ce n'est pas sérieux, ces gens n'ont pas les pouvoirs nécessaires." "Assez joué", ajoute-t-il lorsque l'amiral Drax-Plumkett écrit à Vorochi-

lov qu'il n'a toujours pas reçu de réponse de son gouvernement aux questions posées par l'URSS sur les aspects politiques de l'alliance. C'était le 20 août 1939, et le 21, Staline invitait Ribbentrop à conclure un pacte qui fut signé le 23. Des protocoles secrets devaient suivre.

Cette suspicion réciproque avait conduit les Anglo-Français et les Soviétiques à une évaluation erronée de la situation. Staline ne voulait certainement pas pousser à la guerre contre l'Allemagne durant l'été 1939, même s'il la jugeait inévitable à moyen terme. Et il craignait qu'on l'y poussât. Inversement, il surestimait la portée des accords conclus par les Anglais et les Français avec l'Allemagne, même si l'idée de pousser l'Allemagne à l'Est paraissait une solution rêvée pour certains. Aussi, autant que pour gagner du temps, Staline et Molotov ont voulu gagner de vitesse cette coalition qui, jugeaient-ils, se tramait contre l'URSS. Pour aboutir, il fallait écarter Litvinov, trop sympathique aux démocraties. Et ce n'est pas un Juif qui serait le mieux placé pour négocier avec Hitler...

Pour la France et l'Angleterre, le Pacte était un Waterloo diplomatique ; pour l'Allemagne, une grande victoire. Pour l'URSS, les avantages étaient considérables : vues d'Occident, les clauses secrètes attribuaient bientôt à l'URSS les trois pays Baltes ainsi que la Bessarabie et une bonne partie de la Pologne. Vue d'URSS, cette partie de la Pologne appartenait à la Biélorussie ; quant aux pays Baltes et à la Bessarabie, des documents cinématographiques visionnés à Krasnogorsk témoignent qu'une partie de la population, chez les ruraux notamment, fut favorable à la constitution de ces nouvelles Républiques soviétiques ; c'est la terreur stalinienne qui s'ensuivit qui changea la situation et explique qu'ultérieurement, en Lituanie et en Lettonie notamment, ce furent les Allemands qu'on accueillit en libérateurs.

De la signature à la rupture

Staline et Molotov crurent pendant longtemps à l'inéluctabilité de cette triple alliance tacite entre l'Allemagne, la Grande-Bretagne et la France — même après septembre 1939, une fois la guerre déclarée. Effectivement, le comportement antisoviétique de la presse française pendant la drôle de guerre et surtout pendant la guerre de Finlande les confirma dans leur point de vue. Même les Anglais s'en étonnaient qui, lors de la campagne de Norvège, rappelaient discrètement aux Français que c'était à l'Allemagne qu'on avait déclaré la guerre, et pas à l'URSS.

Certes, la défaite de la France suscita un doute chez les Soviétiques : les Français avaient combattu pour de bon, quittes à être vaincus. Ils s'interrogèrent alors sur le destin du Pacte. Mais ce fut la bataille d'Angleterre qui convainquit Staline et Molotov de la détermination des Anglais à lutter jusqu'au bout contre le nazisme.

Ces données permettent de mieux intégrer les changements du comportement soviétique vis-à-vis de l'Allemagne entre août 1939 et juin 1941. D'août 1939 à l'automne 1940, le Pacte fonctionne à plein et les échanges économiques vont bon train. Staline reconnaît le "gouvernement" slovaque de Mgr Tiso. Les deux partenaires sont ravis, Hitler de ne se battre que sur un front, Staline d'avoir acquis des territoires et brisé la menace de coalition.

Jusqu'à l'automne 1940, le Pacte fonctionne plutôt bien et ses signataires sont ravis. Puis, la suspicion s'installe chez Staline, que la bataille d'Angleterre a convaincu de la détermination britannique à se battre jusqu'au bout. Les 12 et 13 novembre 1940, à la conférence au sommet qui réunit les deux partenaires du Pacte — ici, Molotov, Frick, un interprète, Ribbentrop et Himmler —, la méfiance des Soviétiques est très nette.
Ph © Coll. Viollet

> *"Il est comme un lapin devant le serpent"*, dit Hitler de Staline. *"Je le roulerai"*, répète de son côté Staline en parlant de Hitler. Lorsque l'invasion a lieu, Staline est surpris, abasourdi, lui qui croyait avoir si bien joué...

Pour acquérir l'Europe orientale, Hitler pense même consolider cette alliance — que, pour sa part, il abhorre, lui aussi — et, au moment même où il ordonne d'achever le plan Barberousse, il propose aux Soviétiques de leur laisser carte blanche dans les détroits, pour qu'ils aient une entrée en Méditerranée, et jusqu'en Inde. On menacera ainsi les Anglais au cœur. Or, premier tournant, à la surprise de Hitler, Molotov rechigne et évoque les empiétements allemands en Bucovine, les effets du démembrement de la Roumanie ordonnancé par Hitler, le soutien des Allemands aux Finnois, etc. La méfiance des Russes est visible à cette conférence au sommet du 12 et 13 novembre 1940. Lorsque, quatre mois plus tard, Hitler lance sa grande offensive dans les Balkans, Staline est certain que le conflit s'approche, mais n'étant pas prêt à y faire face, il juge qu'il a intérêt à plier, à gagner du temps. Tourne court l'aide promise à la Yougoslavie, tourne court la protestation contre le passage des troupes allemandes en Bulgarie pour attaquer la Grèce. "Il est comme un lapin devant le serpent", dit Hitler en parlant de Staline. Et, de fait, même si la résistance yougoslave et grecque fait perdre plusieurs semaines au déclenchement de l'opération Barberousse, pas un instant Staline ne veut croire que Hitler l'attaquera cette année, "puisqu'il aurait à se battre sur deux fronts". Il continue donc à jouer les alliés empressés et va même jusqu'à reconnaître le gouvernement de Rachid Ali, en Irak, que soutient ouvertement Hitler et qui se dresse contre la présence anglaise.

La conclusion d'un pacte de non-agression avec le Japon, le 20 mai 1941, comble d'aise les Soviétiques qui se jugent protégés à l'Est comme ils avaient cru l'être à l'Ouest; en outre, avec l'octroi d'une partie de la Mongolie, cet accord leur procure des avantages territoriaux équivalents. "Je le roulerai", répète Staline en parlant de Hitler; le voyant occuper les Balkans, il estime que toute campagne contre l'URSS, à cette date, est impossible. Staline croit avoir ainsi le temps de se préparer à une guerre offensive, et il entend la combiner avec un soulèvement des peuples contre la tyrannie nazie : un véritable "Octobre européen" qui jaillira de la Seconde Guerre mondiale comme l'Octobre russe avait jailli de la Première. L'historien polonais Jan Zamojski a trouvé aux archives bulgares des

LA DOMINATION ALLEMANDE (FIN 1942)

- Pays de l'Axe
- Etats satellites de l'Axe
- Pays alliés
- Pays neutres

documents qui attestent la préparation de ces actions, grâce à des réseaux liés au Komintern... En France, bientôt, ces "étrangers" vont participer à des attentats anti-allemands, et la propagande nazie fait croire que les terroristes sont tous communistes et étrangers.

Or, plus l'été s'approche, plus il faut éviter que l'Allemagne trouve un prétexte pour déclencher le conflit. Lorsque la Luftwaffe survole l'ouest du territoire, ordre est donné de ne pas tirer, de maintenir les avions russes cloués au sol : sinon, vous serez fusillé, dit-on au général Rybalko ; le mot "fasciste" doit même disparaître des manuscrits d'Ilya Ehrenbourg... C'était compter sans l'arrogance du Führer, sûr de l'emporter "dans les deux mois". Lorsque l'invasion a lieu, Staline est surpris, abasourdi, lui qui croyait avoir si bien joué...

Surpris d'avoir été surpris.

C'est en 1942 que les conquêtes de l'Axe connaissent leur extension maximum. Certains territoires ont été annexés (l'ouest de la Pologne, le Luxembourg, l'Alsace, le nord de la Lorraine), d'autres placés sous administration allemande, comme la Pologne, les pays Baltes ou l'Ukraine.
Dans l'Europe balkanique, la domination nazie s'appuie sur l'existence d'Etats satellites : Hongrie, Roumanie, Bulgarie, Slovaquie et Croatie, ces deux derniers pays ayant été constitués à la faveur de la victoire allemande.

Chapitre 4
LES COMMUNISTES FRANÇAIS ET LEUR ENTRÉE EN RÉSISTANCE

LA SIGNATURE DU PACTE GERMANO-SOVIÉTIQUE EST À L'ORIGINE, EN FRANCE, D'UN PROCÈS EN PATRIOTISME FAIT AUX COMMUNISTES, ACCUSÉS DE N'AVOIR RÉSISTÉ QU'APRÈS L'INVASION DE L'URSS PAR LES ALLEMANDS, EN JUIN 1941.

L'attitude des communistes, au début de la guerre, est à l'origine de polémiques qui durent encore, parce que, avec la signature du pacte germano-soviétique en août 1939, on s'interroge sur leur comportement entre cette date et l'invasion de l'URSS, en juin 1941.

Naturellement, l'enjeu de cette interrogation n'est pas le même dans tous les pays. En Italie, par exemple, l'antifascisme avait regroupé des marxistes et des libéraux, le ciment avait bien pris pendant la guerre d'Espagne où une sorte de guerre civile opposa, d'un côté, les chemises noires soutenant Franco, de l'autre, les antifascistes des Brigades internationales. Le Pacte germano-soviétique rompit alors ce front, les socialistes, tels Saragat et Tasca, stigmatisant Togliatti et les communistes de l'exil qui avaient "trahi". Mais ces conflits se situaient entre émigrés et n'avaient guère de portée sur le sol italien, même si l'entrée en guerre de l'Italie posa à chacun un drame de conscience. Les positions rentrèrent dans l'ordre lorsque, après juin 1941, Togliatti lança depuis Moscou des appels à la lutte en faveur des Alliés ; des fronts communs se reconstituèrent entre émigrés, avec le socialiste Pietro Nenni notamment. Or, en France, en Belgique et aux Pays-Bas, l'attitude communiste eut des implications plus graves, vu qu'en 1939, il y existait légalement des partis, importants en France surtout, bien enracinés dans la population.

D'où l'intérêt et l'importance du procès fait au parti communiste français depuis la guerre. Les données sont

Auteur du premier attentat contre un officier allemand le 21 août 1941, Pierre Georges, dit le colonel Fabien (1919-1944), est devenu le symbole de l'engagement du Parti communiste français dans la Résistance. Ici, l'inauguration d'une plaque à sa mémoire par Charles Tillon, ancien dirigeant des FTPF (Francs-Tireurs et Partisans français) et l'un des deux ministres communistes du gouvernement provisoire mis en place par de Gaulle le 9 septembre 1944.
Ph © Journal L'Humanité

> **UN SEUL PARTI** est digne de gouverner la France,
> **Un seul parti** a fait preuve de courage et d'honnêteté,
> **Un seul parti** a lutté contre la guerre,
> **Un seul parti** est au service du peuple,
> **Un seul parti** représente l'amitié de la France avec l'Union soviétique.
> **Un seul parti** peut relever la France de ses ruines.
> Ce parti c'est **le Parti Communiste.**
> Français, adhérez au Parti communiste français
> Demandez, lisez l'Humanité (clandestine).
>
> ## NI LONDRES, NI BERLIN !
> Le "National Zeitung" félicite Laval et vante Pétain. Les dirigeants anglais utilisent de Gaulle et Catroux.
> Seul le Parti communiste lutte contre tous les Capitalistes fauteurs de guerre.
>
> **A la porte, les forbans de Vichy, valets de l'étranger !**
> **La France aux Français !**
> ## THOREZ au pouvoir !
> Le Parti Communiste Français (S.F.I.C.)

Clandestin depuis plus d'un an, le PC, dans ce tract d'octobre 1940, est passé de la lutte antifasciste à le dénonciation de la guerre. Pacte germano-soviétique oblige, l'Angleterre et de Gaulle sont mis sur le même pied, comme "fauteurs de guerre", que l'Allemagne et Vichy. La direction du Parti fait alors le parallèle historique entre la France de 1940 et la Russie de 1917, l'occupant étant le même : le pouvoir est-il à prendre ?
A. Rossi, La Guerre des Papillons, Les Iles d'Or, Paris, 1954, p. 154, planche 5.

apparemment simples. On l'accuse de n'avoir résisté aux Allemands qu'à partir du moment où l'URSS a été envahie, en juin 1941. Auparavant, il aurait été aux avant-postes de la collaboration, demandant aux Allemands la reparution de L'Humanité, après avoir saboté l'effort de défense nationale. Pacte germano-soviétique oblige. Cette vision s'est peu à peu modifiée. Etant donné l'importance des actions de résistance, de sabotages commis par des cheminots, mineurs, etc., dont l'appartenance communiste est claire — toutes actions menées avant juin 1941 —, il a été considéré qu'il s'agissait d'actions individuelles, de communistes certes, mais que le Parti demeurait fidèle à la ligne du Komintern.

Dans ses Mémoires, Charles de Gaulle s'en tenait à cette version. Dans une lettre qu'il lui adressait le 11 février 1955, le poète Vercors se disait bouleversé de retrouver sous sa plume "les calomnies ordinaires", rappelant que, dès août 1940, la première lettre qu'il reçut, l'appelant à la résistance, émanait de l'écrivain communiste Jean-Richard Bloch ; et que les premières réunions en ce sens se faisaient chez Frédéric Joliot, en compagnie de Francis Jourdain, du Parti communiste wallon, etc. Enfin que le premier organe clandestin des intellectuels résistants fut fondé en avril 1941 par le communiste Jacques Decour... Charles de Gaulle répondit à Vercors qu'il n'avait certes pas méconnu la contribution du Parti communiste dès que l'Union soviétique eut été attaquée. Il ajoutait :

> "Mais comment contester que, sous réserve de ce que firent les individualités, leur parti, jusqu'en 1941, ne s'engagea pas dans la lutte. (...) Ils ont servi la France, mais ils n'ont pas servi qu'elle, et même, ils n'ont pas servi elle, d'abord."

Tel est le point d'ancrage de la polémique, dont les données sont, de fait, plus complexes qu'il ne paraît.

Le traumatisme du Pacte

En août 39, la nouvelle du Pacte germano-soviétique frappa les communistes français tel un cataclysme. Ils n'avaient rien vu venir. Leurs principaux dirigeants — Thorez, Duclos, Gitton — étaient dispersés, suivant avec attention les efforts de la délégation franco-anglaise partie à Moscou négocier l'alliance avec l'URSS. Ils étaient optimistes sur les chances de la paix, et l'accord commercial germano-soviétique conclu le 21 août leur apparut seulement comme un signe annonciateur de la détente, un premier recul de Hitler acceptant de négocier sous la pression de Moscou. La poignée de main Ribbentrop-Staline qui, le 23 août 1939, accompagne le Pacte, suscita une stupeur indicible... "La nouvelle du Pacte a jeté le désarroi dans le camp fasciste", écrivait L'Humanité : certes, Doriot et quelques autres furent aussi traumatisés, mais cette réplique en manière d'exorcisme ne réduisit en rien l'effarement des communistes qui, comme ils le purent, se cherchèrent des raisons. "Les Munichois ont voulu la guerre contre l'URSS... Elle n'en a pas voulu... Le régime des Munichois s'y perdra... Mais nous, les communistes, on paiera."

De fait, la nouvelle du Pacte soulève une vague anticommuniste, antisoviétique aussi, et, dès le 26 août, le président du Conseil Edouard Daladier interdit la presse communiste, soit cent soixante-dix-neuf publications. Dans Ce Soir, Gitton et Aragon avaient écrit que "le Pacte était un grand succès pour l'URSS et pour la paix... Staline avait imposé ses vues ; et, avec, la désagrégation du Pacte anti-Komintern". Le 25, approuvant totalement le Pacte, le Parti communiste français publiait un communiqué qui rappelait que l'ennemi était et restait le fascisme hitlérien. Sous la présidence de Maurice Thorez, les parlementaires communistes votaient à l'unanimité une résolution de caractère nettement patriotique : "Si Hitler déclenche malgré tout la guerre, alors qu'il sache bien qu'il trouvera devant lui le peuple de France uni, les communistes au premier rang. (...) C'est pourquoi notre Parti communiste approuve les mesures qui ont été prises par le gouvernement pour garantir nos frontières et apporter, le cas échéant, l'aide nécessaire à la nation qui pourrait être agressée et à laquelle nous sommes liés par un traité d'alliance."

*S*ecrétaire général du comité exécutif du Komintern, Georgi Dimitrov (1882-1949) élabore la nouvelle ligne des Partis de l'Europe occupée. En 1940, il écrit : "Aujourd'hui, l'impérialisme anglais est devenu le plus dangereux générateur de foyers de guerre et s'est révélé à la face du monde comme l'ennemi principal de la classe ouvrière."
Ph © Journal L'Humanité

En désaccord avec les positions pacifistes du Parti, Marcel Gitton est l'un des rares dirigeants communistes à quitter le parti après la signature du Pacte germano-soviétique. Ici, à côté de Jacques Duclos.
Ph © Journal L'Humanité

Or, ces considérations apparaissent comme une manœuvre, même à la CGT, où la commission administrative condamne le Pacte par dix-huit voix contre huit, deux communistes s'étant abstenus. Première fissure. Ce trouble est bien ressenti à tous niveaux, puisque, sur la requête d'un autre communiste, Maurice Thorez refuse de demander des explications sur le Pacte au camarade Staline…

Faire cadrer le Pacte dans une ligne antinazie n'était pas évident — et d'autant moins que la totalité de l'opinion, ou presque, considère le Pacte comme une catastrophe qui prive la France et l'Angleterre de toute alliance de revers : celle de l'URSS, d'abord, mais aussi celle de la Pologne qui apparaît comme la victime désignée du Pacte, même si l'on n'en connaît pas les clauses secrètes.

De l'antifascisme au pacifisme

Mais le coup le plus dur, les communistes le ressentiront deux semaines après la déclaration de guerre, lorsque l'URSS, à son tour, envahit la Pologne, le 17 septembre 1939. Désormais, il ne s'agit plus de justifier la neutralité de Staline, de glorifier le pacte de non-agression… Tandis que Jouhaux fait condamner par la CGT les syndicalistes fidèles à Moscou, les communistes eux-mêmes, désemparés, assurent que l'événement constitue un préalable à une offre de négociation pour la paix, par Staline. Or, c'est Hitler, et non Staline, qui, le 6 octobre, fait des propositions pour avaliser à la fois ses conquêtes et celles de l'URSS — en l'occurrence les pays Baltes et une partie de la Pologne. De sorte que les communistes apparaissent comme les agents de l'Allemagne autant que de l'URSS. Une lettre de Florimont Bonte et d'Arthur

Ramette au président de la Chambre, Edouard Herriot, le 1er octobre, témoigne de l'ambiguïté de la position communiste. Finis les appels patriotiques, mais, au contraire, un appel à la paix — et une rupture avec le gouvernement: "Il est possible d'obtenir rapidement une paix juste et durable car, en face des fauteurs de guerre impérialistes et de l'Allemagne hitlérienne en proie à des contradictions internes *(sic)*, il y a la puissance de l'URSS... [seule] capable de sauvegarder l'indépendance de la France." Ainsi, le retournement est complet.

Ancien inspecteur des Brigades internationales durant la guerre d'Espagne, député de Paris, André Marty (1885-1956) se fait le relais de l'analyse du Komintern. Il passe la durée de la guerre à Moscou et retrouve son siège de député en 1945.
Ph © Journal L'Humanité

On est passé de la lutte antifasciste à la lutte contre la guerre, un changement de ligne dont le Komintern avait adopté les modalités et qui fut communiqué à tous les partis communistes, norvégien, anglais, etc. Chez les Français, ce furent, semble-t-il, Raymond Guyot et Eugen Fried, à Bruxelles, qui mirent le Parti au courant. Quelques jours après, le 26 septembre 1939, celui-ci était illégal, et déjà ses leaders étaient entrés dans la clandestinité. Seul Marcel Gitton quittait le Parti.

En 1940, tout un numéro des *Cahiers du bolchevisme* était consacré à la dénonciation de la "guerre impérialiste". De Moscou, Dimitrov affinait peu à peu la ligne, et comme l'Allemagne devenait une amie de l'URSS, les Anglo-Français étaient de plus en plus désignés comme les agresseurs, tandis que l'Allemagne était ménagée. Devenue clandestine, *L'Humanité* reproduisait le trait, la guerre étant devenue celle des capitalistes, des industriels, ceux du Comité des forges et des "deux cents familles" — les plus riches de France. Pendant la drôle de guerre, elle fait valoir que la guerre en cours n'est pas si "juste" qu'il paraît, elle stigmatise ceux qui répandent "la légende sur son prétendu caractère antifasciste"...

*Député de Paris en 1939, membre du Bureau politique, Jacques Duclos (1896-1975) est l'un des dirigeants du Parti clandestin, où il assumera, en l'absence de Maurice Thorez réfugié en URSS, les fonctions de secrétaire général par intérim.
Ph © Journal L'Humanité*

Tels les bolcheviks à la Douma de Russie en 1914, les députés communistes mobilisés profitent d'une session parlementaire, en janvier 1940, pour rendre publique cette opposition à la guerre: lorsque Edouard Herriot envoie son salut aux armées et que tous les députés se lèvent, les communistes demeurent assis, ce qui suscite émoi, injures, bagarre générale. Ils sont déchus de leur mandat, ainsi que Marty et Thorez de la nationalité française; et les poursuites suivent contre les 44 députés communistes dont le procès commence en mars.

Pour justifier le retournement complet qui s'impose aux communistes français, Dimitrov écrit dans L'Internationale communiste n° 2 et n° 3 de 1940: "Le combat international de la classe ouvrière requiert la concentration des forces contre l'ennemi principal... Il y a quelques années, cet ennemi principal était l'impérialisme allemand. Aujourd'hui, l'impérialisme anglais est devenu le plus dangereux générateur de foyers de guerre et s'est révélé à la face du monde comme l'ennemi principal de la classe ouvrière." Comme en 1920.

Bientôt, l'invasion de la Scandinavie était présentée comme une réponse de l'Allemagne à la violation flagrante par la France et l'Angleterre de la neutralité des Etats scandinaves. C'est seulement à l'heure de l'invasion du territoire national que, tactiquement, l'impérialisme allemand retrouve sa place d'agresseur, une place privilégiée.

Le Parti au lendemain de la défaite

Pour comprendre l'attitude du Parti communiste au lendemain de la défaite — qui a fait l'objet de tant de débats —, il faut tenir compte de trois données.

D'abord l'appartenance de la direction du Parti à la mouvance kominternienne. C'est Moscou qui décide, qui décide de tout en fonction des impératifs de sa politique, censée amener la révolution mondiale. Thorez, Marty, Fried, etc., sont les zélés représentants de cet état-major et toute mise en cause a pour conséquence l'exclusion et la mort. Or, à cette date, le diagnostic de Staline et de Dimitrov est clair: l'Angleterre demeure l'ennemi principal — et ses alliés aussi, notamment Paul Reynaud, Daladier, etc. Ils sont responsables de la guerre, plus encore que de la défaite. Et c'est ce qui explique, bientôt, la teneur de la lettre de François Billoux au maréchal Pé-

LA LETTRE DE FRANÇOIS BILLOUX AU MARÉCHAL PÉTAIN

Le Puy, Maison d'arrêt le 19 décembre 1940
Billoux François
Député « déchu »
des Bouches-du-Rhône
à Monsieur le Maréchal Pétain, Chef de l'Etat français.

Monsieur le Maréchal,
Il y a un an aujourd'hui, après une détention préventive de 40 jours, j'étais inculpé de « reconstitution de ligues communistes dissoutes » par M. le capitaine de Moissac, juge d'instruction près du 3e Tribunal militaire de Paris. Cette inculpation était basée cependant sur un acte absolument normal pour un groupement légalement constitué et officiellement reconnu à la Chambre des députés : une lettre adressée par le groupe parlementaire ouvrier et paysan français à M. le Président de la Chambre des députés. Ceux qui ont ordonné, procédé à, ou toléré notre arrestation (Daladier, général Hering, commissaire, juge d'instruction et président du 3e Tribunal militaire, etc.) ont commis un acte de forfaiture. Il est vrai que la Constitution avait été déjà violée lors de la déclaration de guerre et qu'elle devait l'être encore quelques semaines plus tard par notre déchéance de députés.
Le Gouvernement choisissait ce mauvais prétexte (infraction au décret-loi du 26 septembre 1939) parce qu'il n'osait pas donner la véritable raison à nos poursuites : nous étions les seuls à nous dresser contre la guerre : nous étions les seuls pour la paix. (…)
Le 26 juin 1940, dans un manifeste, vous disiez, Monsieur le Maréchal : « Je hais les mensonges qui vous ont fait tant de mal. » Il faudrait alors, pour dissiper un certain nombre de mensonges, que vous fassiez connaître à l'ensemble de la population de la France :
1° la lettre du groupe ouvrier et paysan français adressée le 1er octobre 1939 au président de la Chambre ;
2° les comptes rendus des débats de notre procès et de la déclaration que j'ai lue au nom de tous mes amis au terme de ces débats. Dans cette déclaration nous disions :
« Nous sommes poursuivis parce que nous nous sommes dressés et que nous nous dresserons avec la dernière énergie contre la guerre impérialiste qui sévit sur notre pays, parce que nous appelons le peuple à exiger qu'il y soit mis fin par la paix, parce que nous indiquons au peuple de France le moyen de rendre notre pays libre et heureux.
(…) Les responsables de la guerre ? Nous nous refusons à nous faire les complices de cette énorme duperie qui consiste dans chaque pays à les rejeter sur les gouvernements ennemis. Il y en a chez nous. En premier lieu l'ex-gouvernement et son chef M. Daladier, qui a dirigé l'Etat contre le peuple et dans l'intérêt d'une minorité de gros possédants. (…) Un tel gouvernement ne représente pas le pays. Il ne peut se maintenir que par la dictature.
Lors de mon interrogatoire, je disais : « Cette guerre sera néfaste pour la France. Vaincus, nous serons les esclaves d'Hitler ; vainqueurs, nous serons les domestiques de Chamberlain. Pourtant, il y avait, il y a encore une politique indépendante de la France à faire, cette politique qui a conservé la paix à l'Union soviétique. » (…)
Personne autre que nous, les Communistes, n'a eu le courage de dire la vérité au pays. Dans un article élogieux à votre égard, Monsieur Georges Suarez, dans *L'Illustration* du 30 novembre 1940, écrit : « La guerre était une folie ; les mois d'inactivité furent un crime. Pendant ce temps, on donnait au pays l'illusion qu'il était gouverné, par les arrestations arbitraires de ceux qui avaient défendu la paix… On emprisonnait, on condamnait… » Mais qui emprisonnait-on ? Qui condamnait-on ? Sinon, à quelques exceptions près, seulement les communistes qui sont d'ailleurs toujours en prison ou dans des camps de concentration lorsqu'on ne les y a pas mis depuis la fin de la guerre. Je me demande bien quel nouveau mauvais prétexte on a trouvé pour cela. Peut-être essaie-t-on de les présenter, eux, les seuls vrais partisans de la paix, comme des partisans de la guerre ; eux, les seuls vrais partisans de l'Indépendance de la France et de la fraternité des peuples, comme des agents de l'Angleterre après les avoir présentés comme des agents de l'Allemagne. (…) ■

Henri Noguères, *Histoire de la Résistance*, Paris, 1967, tome 1, pp. 484-486.

tain, réclamant leur juste châtiment. Notons que, lors du procès de Riom, en 1942, intenté par Pétain à certains dirigeants de la IIIe République (Blum, Daladier, etc.), les Allemands reprochèrent au régime de Vichy d'avoir cherché à punir les responsables de la défaite plus que les responsables de la guerre, ce qui est l'argument de Billoux en décembre 1940.

En août 1941 apparaissent les premières affiches allemandes annonçant l'exécution de deux militants communistes ayant manifesté contre les troupes d'occupation.
Ph © Lapi-Viollet

Le deuxième trait est que les communistes français, à Moscou comme en métropole, sont saisis par une comparaison historique qui prédétermine, pour une bonne part, leur attitude. Ils identifient la situation de la France, vaincue, à celle de la Russie de 1917-1918, puisque l'occupant est le même, l'Allemagne. Dans la vacance du pouvoir, consécutive à cet effondrement, les communistes peuvent se frayer une voie et se saisir du pouvoir, comme Lénine le préconisait en 1917. En vérité, cette analyse commence à prendre forme avant l'armistice : "Il faut se débarrasser de Pitt et de Cobourg", écrit Maurice Thorez dans un texte largement diffusé. "Il faut lui substituer un gouvernement de paix qui assurera l'indépendance nationale." Benoît Frachon sonde même le ministre de Monzie — un des rares connaisseurs de la politique soviétique —, comme si, envisageant que le gouvernement serait bientôt aux abois, le pouvoir pouvait passer, dans certaines conditions, aux communistes... Vision irréelle, qui partait d'un diagnostic complètement erroné de la situation, mais qui s'appuyait sur cette autre analogie : après tout, en 1917, les bolcheviks n'étaient pas plus nombreux que les communistes en juin 1940.

Cette idée avait suinté, et c'est sans doute ce qui fut à l'origine de l'information, lancée par le général Weygand à Bordeaux, que les communistes avaient pris le pouvoir à Paris. Ils ne l'avaient pas pris, certes. Mais ils s'orientaient vers une prise du pouvoir dont l'absurdité n'apparaît qu'après coup. Pendant plusieurs mois, les appels au pouvoir de Thorez couvrent les murs de Paris, des grandes cités ouvrières plus encore.

Pétain était aux commandes et l'assemblée du Front populaire lui avait accordé les pleins pouvoirs. Le mythe du parallèle historique continua néanmoins à fonctionner. Le Parti demanda à redevenir légal, pour pouvoir mieux développer son action. De sorte que la requête faite aux autorités allemandes d'autoriser la reparution légale de *L'Humanité* se situait dans un contexte qui

Commandant des FTP-MOI (Francs-Tireurs et Partisans-Main-d'Œuvre immigrée) et auteur de nombreux attentats dans Paris, Missak Manouchian (deuxième à partir de la gauche) est arrêté avec son groupe le 16 novembre 1943. Photographiés par les services de propagande allemande juste avant leur procès, ils seront condamnés à mort et fusillés le 21 février 1944.
Ph © A.D.P./Keystone

BON de RÉQUISITION

Après l'invasion de l'URSS par l'Allemagne en juin 1941, la direction du Parti s'engage résolument dans la Résistance. Elle crée alors en zone occupée le Front national français, dont le bras armé sera les FTPF, regroupés avec les autres organisations de résistance au sein des FFI (Forces françaises de l'Intérieur) en février 1944.
Ph © Journal L'Humanité

n'est pas exactement celui que les accusateurs du Parti ont défini après la guerre. La demande de réparation aux autorités allemandes a bien été faite, et pas "par des militants sans envergure qui auraient agi de leur propre chef", comme l'a longtemps affirmé Jacques Duclos. En effet, la même démarche a été faite auprès des autorités d'occupation par les communistes danois, norvégiens et belges.

C'est donc bien d'une politique cohérente qu'il s'est agi, conçue à Moscou et appliquée par les communistes des différents pays occupés. Les Belges ayant obtenu satisfaction, les communistes français intervinrent à leur tour, manifestant leur impatience. Ce retour à la légalité, prélude à la prise du pouvoir, se traduisit par d'autres actions — notamment la réoccupation de locaux syndicaux d'où le Parti avait été chassé par Daladier. Surtout, il s'exprima par l'appel du 10 juillet qui préconisait la constitution d'un Front de la liberté, de l'indépendance et de la renaissance autour du Parti communiste, dont la pointe est, cette fois, antiallemande : "Le peuple de France vit des jours tragiques... La France est menacée de disparaître en tant que nation, en tant qu'Etat indépendant. Au moment où l'impérialisme allemand réalise son projet de réduire la France en esclavage, la seule chose dont la bourgeoisie française se préoccupe, c'est la sauvegarde de ses privilèges." Pour ce faire, "elle est prête à trouver des accommodements avec l'envahisseur", complétait la Déclaration du Parti communiste français publiée à Moscou. Un ton nouveau apparaissait.

La troisième donnée, dont il faut tenir compte, est évidemment la portée que ces textes ont pu avoir. Ces textes et ces actes de la direction du Parti [1] — et qui sont à l'origine des procès en patriotisme qu'on lui a faits en 1945 et après —, qui en a eu connaissance et quel effet réel ont-ils eu ? Si le réseau des dirigeants du Parti tient bon, malgré la répression, la défaite, leurs perspectives sont ignorées de la plupart des Français, les communistes y compris. En premier lieu, la répression les a frappés durement, dès 1939, et la mobilisation dispersés. Selon Jacques Duclos, "lorsque les Allemands entrent à Paris, il n'y reste que cent quatre-vingts à deux cents militants, plus ou moins organisés" — pour une fédération qui compte environ le tiers des militants de

RAPPORT DE LA KOMMANDANTUR SUR LES ACTIVITÉS DU PC

Berlin, janvier 1941
Rapport sur le mouvement communiste en France pendant la période du 24 au 31.1.41

L'activité communiste continue. Malgré les interventions énergiques des autorités de police françaises contre les communistes, on ne note pas de relâchement de la propagande communiste. Cependant, grâce à la rigueur de la surveillance et à l'action de la police, la propagande par tracts n'atteint les masses populaires que dans une proportion réduite. Par contre, il nous faut remarquer que, petit à petit, et c'est là un fait qui ressort déjà des précédents rapports, la propagande communiste s'organise et devient plus systématique. Dans tous les tracts édités par le PCF, on trouve le même mot d'ordre affirmant que le Parti communiste serait le seul parti de France digne de la confiance de la population. Comme à l'ordinaire, les tracts comportent des développements sur « la trahison de la bourgeoisie française », des attaques contre le gouvernement actuel qui est présenté comme un gouvernement de dictature capitaliste ; ils proclament la nécessité de la lutte pour la liberté et l'indépendance de la France.

D'autre part, on fait de la propagande pour la conclusion d'un pacte d'amitié avec l'Union soviétique et la lutte pour la liberté et l'indépendance des colonies. La création de comités populaires doit permettre de tenter de gagner à la cause communiste tout particulièrement la population laborieuse ainsi que les chômeurs. (...) Dans l'ensemble de la propagande, on observe un courant nationaliste marqué. On invite tous les Français à adhérer au seul parti de France qui puisse apporter au pays la liberté et l'indépendance. Le Parti communiste affirme son intention de tendre la main à chaque Français ayant conservé le sens de l'honneur et à qui l'intérêt national tient à cœur. Le Parti communiste n'a plus, dit-il, aucun désir de vengeance à l'égard de ses adversaires politiques d'autrefois et revendique seulement l'union de tous les Français, avec pour objectif : renversement du gouvernement de Vichy et création d'un gouvernement populaire.

Par cet exemple remarquable de ses capacités tactiques d'adaptation, le PCF espère des adhésions particulièrement en provenance des milieux nationalistes. On a constaté ces derniers temps, outre la collaboration sur le plan de la propagande, une collaboration s'étendant en partie au domaine de l'organisation entre le PCF et le mouvement national de résistance française.

En mettant certaines rumeurs en circulation, la propagande orale des communistes tente de créer parmi la population un état d'insécurité en ce qui concerne les mesures de l'autorité allemande et à faire douter de la bonne volonté du gouvernement français. A côté de cela, on répand des bruits sur la concentration et la force du Parti communiste. On parle également de troubles communistes imminents et de la préparation d'un soulèvement général. Pendant ces derniers temps, les Juifs ont pris une part croissante à cette propagande.

A côté de cela, on observe des tentatives de démoralisation de la Wehrmacht et de formation de cellules communistes au sein de celle-ci. On peut affirmer en toute certitude que, parmi les soldats en garnison à Paris et dans la région parisienne, se trouvent un grand nombre d'anciens communistes qui, d'eux-mêmes, favorisent le travail de démoralisation. L'ensemble de la direction du travail de démoralisation de la Wehrmacht serait confié à un état-major de dirigeants communistes français sous la direction de Gabriel Péri, membre du comité central du PCF. Les moyens financiers pour ce travail seraient fournis par un dénommé Schwerteff qui fait partie de la représentation diplomatique soviétique à Paris. Nous accordons la plus grande attention à cette activité de démoralisation.

Comme nous l'avons noté dans notre dernier rapport, pour la première fois, dans le nord de la France, ont été diffusés des papillons communistes en langue allemande. Maintenant, nous avons pu saisir également un journal communiste illégal édité en langue polonaise dont le contenu permet de voir qu'il s'adresse aux mineurs polonais travaillant dans la zone industrielle du nord de la France. (...) ■

tout le pays. Sur les 318 000 adhérents de 1938, avec leurs 12 658 cellules, que reste-t-il après la débâcle ? Selon un pointage effectué par Stéphane Courtois, sur quatre-vingt-un communistes ayant des responsabilités centrales à la tête des fédérations, vingt-trois ont été arrêtés, vingt-quatre mobilisés ou requis, douze se sont retirés, sept ont quitté le Parti, huit sont clandestins. On manque d'information sur les sept derniers.

C'est dire l'état de déliquescence complète du Parti et la nécessité dans laquelle il se trouve, pour prendre le pouvoir, de se reconstituer, de se réorganiser. Or, chaque fois qu'il essaie de se montrer à l'air libre pour se restructurer, la police est là qui l'incarcère et le poursuit ; celle de Vichy, sans doute, et de l'Etat français qui fonctionne aussi bien en zone occupée, car là il y a une continuité, que les communistes aient changé de politique ou non.

Situation contradictoire, apparemment inconséquente. Pour les communistes, vu le Pacte et le rapprochement germano-russe de l'hiver 1940-1941, l'ennemi demeure l'Angleterre, avec de Gaulle bien sûr ; mais Vichy l'est aussi, et plus que l'Allemagne. Dès lors, la police française, si prompte à aider les Allemands quand il s'agit d'arrêter des Juifs — un peu plus tard, il est vrai —, se plaît à arrêter aussi les communistes, ces "amis des Allemands".

Au lendemain de la guerre, les hésitations des années 39-40 sont oubliées et la direction communiste fait de son engagement dans la Résistance une arme de combat politique. Au premières élections générales du 25 octobre 1945, le "parti des 75 000 fusillés", avec 26 % des voix, double sa représentation par rapport à 1936.
Ph © Journal L'Humanité

Antinazisme et réorganisation du Parti

Reproduit dans une publication communiste, vingt ans après la fin de la guerre, un rapport de la Kommandantur témoigne de l'activité du Parti, en janvier 1941, par conséquent cinq mois avant l'intervention de la Wehrmacht contre l'Union soviétique. La réédition de ce texte a pour but de montrer combien le Parti était actif avant l'agression des nazis. A lire ce texte, pourtant, on s'aperçoit que les activités du Parti visent essentiellement à stimuler sa renaissance et sa réorganisation. Certes, il est à l'origine de mouvements divers que stigmatisent les autorités d'occupation, mais ces formes d'action n'ont rien à voir avec des actions de résistance. Tout au plus rappellent-elles les actions revendicatives de l'époque de la drôle de guerre, qui étaient une forme de sabotage de l'économie — sauf qu'elles visent des entreprises qui sont contrôlées par les Allemands.

Cela n'empêche pas le Parti de devenir de plus en plus antiallemand; certains de ses membres publient des textes carrément antinazis dans les *Cahiers du bolchevisme*: "La collaboration, c'est la nazification; or les Français ne sont pas mûrs pour la nazification." Certes, le trait vise Pétain, Laval — et Montoire —, mais il vise aussi Hitler. Ainsi, la cible est double. Cela tient, sans doute, à l'humeur populaire, qui devient de plus en plus antiallemande, et à la nécessité pour le Parti de "coller aux masses". Or celles-ci, dans le nord de la France, manifestent de plus en plus contre l'occupant, les mineurs notamment. Et ailleurs, de nombreux communistes adoptent des attitudes franchement différentes de ce qu'était la "ligne"

jusque-là suivie: Tillon, Lecœur, Maublanc, Joliot, Wallon et bien d'autres, que cite Vercors dans sa lettre au général de Gaulle, et qui ne sont pas seulement des "individus" qui résistent à l'occupant, mais des militants parfaitement enrégimentés dans le Parti, dont la "ligne" est, en quelque sorte, en avance sur la ligne officielle.

Avec l'agression contre l'URSS, le 22 juin 1941, ces deux lignes se rejoignent, au soulagement et à la satisfaction de tous...

Mais la méfiance et la rancœur sont là, entre les uns et les autres — et elles survivront à la Libération.

---

[1] Débat historique: des détails de ces textes témoignent qu'ils ne peuvent avoir été écrits le 10 juillet, car ils évoquent des faits ultérieurs. De toute façon, ils semblent bien dater de l'été 1940, puisqu'on en retrouve la trace à Moscou, dans des publications parues avant 1941.

Chapitre 5
LES ORIGINES DE PEARL HARBOR

COMMENT LES AMÉRICAINS ONT-ILS PU AINSI SE LAISSER "SURPRENDRE" ? ET POURQUOI LES JAPONAIS ONT-ILS CHOISI D'AFFRONTER LA PREMIÈRE PUISSANCE MONDIALE, PLUTÔT QUE L'URSS, ALORS VULNÉRABLE ? CHRONIQUE D'UNE AGRESSION PROGRAMMÉE.

La participation du Japon à la guerre et l'attaque de Pearl Harbor posent deux problèmes historiques qui ne sont pas tout à fait résolus. D'abord, pourquoi le Japon a-t-il signé un pacte avec l'Union soviétique et n'est-il pas intervenu contre elle, au second semestre 1941, alors qu'elle paraissait particulièrement vulnérable ?... Ensuite, est-ce ou non Roosevelt qui, par son intransigeance ou par ruse, a poussé le Japon à entrer en guerre contre l'Amérique ? Le seul moyen, selon certains, de vaincre l'isolationnisme de ses concitoyens et de participer ainsi à la guerre contre Hitler... La flotte d'Hawaï aurait servi d'appât.

En vérité, les deux problèmes sont liés.

La guerre sino-japonaise

Au Japon, le problème d'une expansion jugée nécessaire à l'économie du pays semblait avoir été résolu par la politique menée en Chine : depuis 1930, les hommes d'affaires y avaient investi des capitaux ; et "l'incident" de Mandchourie — un attentat à la bombe près de Moukden — servit de prétexte à l'état-major japonais pour occuper la région, sans rencontrer de résistance sérieuse de la part de Chiang Kai-shek, tout occupé à combattre Mao Zedong. Une nouvelle pénétration avait eu lieu en 1937, à la suite d'un ultimatum du Japon au gouvernement de Nankin, exigeant l'évacuation de la Chine du Nord. Cette fois, la guerre sino-japonaise avait bien commencé — Pékin, le Shandong, Shanghai, Canton étaient occupés et la Chine coupée du monde extérieur —, sauf

Le 7 décembre 1941, à 6 heures du matin, l'aviation japonaise bombarde la base américaine de Pearl Harbor, dans l'archipel des îles Hawaï, où se trouve concentrée la flotte américaine du Pacifique. Les pertes américaines sont considérables : 334 morts, 1 341 blessés, 6 navires endommagés, 2 cuirassés hors de combat. Quatre jours plus tard, Allemands et Italiens déclarent la guerre aux Etats-Unis : le conflit devient alors "mondial".
Ph © L'Illustration/Sygma

En 1941, dans les montagnes du Shanxi, les soldats japonais, tournés vers l'Est, présentent les armes pour rendre hommage à leur empereur. Depuis 1931 et l'invasion de la Mandchourie, le Japon s'est employé à acquérir morceau par morceau l'immense Empire chinois. A la veille de la guerre, il se trouve déjà maître des régions vitales de la Chine.
Ph © L'Illustration/Sygma

sur sa frontière nord, côté asiatique, et en arrière des montagnes du Yunnan... "On écrasera les Chinois en trois mois et ils demanderont la paix", assurait le ministre de la Guerre Sujiyama. Pour arriver à leurs fins, les militaires pratiquèrent la terreur, massacrant plus de vingt mille Chinois dans la seule ville de Nankin. Cela stimula la résistance des Chinois, qui jugèrent même que Chiang Kai-shek, retiré à Chongqing, avait le tort de vouloir vaincre les communistes en premier lieu avant de s'attaquer aux Japonais — alors qu'il eût dû faire le contraire : un trait qui explique le ralliement de nombreux Chinois au régime de Mao, installé à Yan'an, et qui accordait, lui, la priorité à la lutte contre le Japon.

Cependant, les Japonais avaient le sentiment de s'enfoncer dans un marais. Certes, ils consolidaient leurs positions, installaient Puyi, descendant des derniers empereurs chinois, sur le trône de Mandchourie, suscitaient la création de "gouvernements" de collaboration, mais une guerre non déclarée se déroulait aux confins de la Mandchourie et de la Mongolie : l'URSS était intervenue, et ses forces avaient infligé une grave défaite aux Japonais durant l'été 1938, à Zhangu Feng ; à nouveau et surtout à

Nomon Han durant l'été 1939, ce qui était passé inaperçu en Occident, vu les graves événements qui allaient amener la guerre. Par ailleurs, les Japonais avaient le sentiment de pouvoir agir impunément puisque, malgré cet échec, ils s'étaient liés à l'Allemagne nazie, vers qui allaient leurs sympathies, par le Pacte anti-Komintern. La rencontre Ribbentrop-Molotov, en août 1939, et la conclusion du Pacte germano-soviétique, en violation des accords secrets signés par l'Allemagne avec le Japon, suscitèrent une grande colère à Tokyo.

L'Allemagne n'étant pas fiable, l'URSS menaçante, la Chine encore insoumise, l'expansion se trouvait remise en cause de ce côté-là. Par contre, la défaite de la France et des Pays-Bas, durant l'été 1940, et la position de l'Angleterre, si vulnérable, autorisaient une reconversion de l'idée expansionniste, le Japon ayant désormais les mains libres dans l'Asie du Sud-Est avec, comme seul adversaire réel, les Etats-Unis avec qui, depuis toujours, la guerre paraissait inéluctable. Dès le 4 septembre 1940, la Sibérie était exclue de "l'espace" prévu pour "l'ordre nouveau" que le Japon comptait instituer en Asie, mais l'Indochine et l'Inde y étaient incluses, sans parler de la Malaisie, l'Indonésie, riche en pétrole et en caoutchouc, et des îles du Pacifique, ce qui isolait l'Australie des Etats-Unis.

"L'ordre nouveau" voulu par le Japon en 1940 comprend, outre la Chine et le Mandchoukouo, l'Inde, l'Indochine française, la Thaïlande, la Birmanie, Bornéo, les établissements britanniques de Malaisie, les Indes néerlandaises et certaines îles du Pacifique. Il est prêt pour cela à l'éventualité d'une guerre contre les Etats-Unis. Cette caricature française de 1907 dénonce — déjà — les velléités d'expansion japonaises.
Coll. part. Ph © Arch. Casterman

La neutralisation de l'URSS

Tandis que le prince Konoye et le général Tojo, respectivement Premier ministre et ministre de la Guerre, prenaient possession d'une partie de l'Indochine, avec l'aval forcé du gouvernement de Vichy, le principal problème pour la diplomatie nippone était évidemment de voir clair quant aux dispositions de l'Allemagne et de l'URSS avant de lancer le grand coup contre l'Empire britannique ou les Etats-Unis, ou bien les deux. La crainte de l'URSS se perpétuait, la méfiance envers l'Allemagne aussi, puisque Berlin refusait de jouer les médiateurs dans le conflit sino-japonais, malgré la demande qu'en avait faite Tokyo. Comment expliquer cette réserve ? Tel fut le sens du long voyage en Europe que fit Matsuoka, ambassadeur extraordinaire, et qui se termina par un accord entre le Japon et l'URSS.

Avant son arrivée, l'ambassadeur du Japon à Berlin, le général Oshima, pronazi et proallemand, avait été relevé de ses fonctions au lendemain de la conclusion du Pacte germano-soviétique. Il avait cru devoir dire que les intérêts de l'Allemagne et du Japon n'étaient en contradiction nulle part, puisque l'Allemagne revendiquait des territoires en Afrique, et le Japon, dans les régions d'Asie où les Allemands ne pourraient pas vivre "à cause du climat". Hitler lui avait répondu que "militairement, l'Allemagne n'avait pas besoin d'aide... et qu'il n'entendait partager la victoire avec personne". Ces propos avaient été rapportés à Tokyo, et Matsuoka les connaissait bien lorsque fut signé le Pacte tripartite — Allemagne, Japon, Italie —, sorte de recollage du Pacte anti-Komintern (en septembre 1940). Il avait été invité à Berlin par Ribbentrop, passa par Moscou, avant de rencontrer le Führer. L'entretien eut lieu le 27 mars 1941, au moment de l'invasion de la Yougoslavie, et Hitler dit seulement que le plus important pour lui "était de disposer de cent soixante ou cent quatre-vingts divisions pour se protéger de la Russie". Mais Ribbentrop alla plus loin, le 29 mars, et il donna pour tout à fait certaine l'éventualité d'une guerre germano-russe. Hitler dit à nouveau, lorsque Matsuoka lui parla de l'inéluctabilité d'une guerre entre le Japon et les USA, qu'"il n'hésiterait pas à répondre à toute extension de la guerre, que ce fût par le fait de la Russie ou par le fait de l'Amérique". Et, lorsque Matsuoka évoqua l'idée qu'il avait eue, naguère, de s'en prendre aux Anglais seuls et d'attaquer Singapour, Hitler lui répondit que l'Amérique eût alors été solidaire de la Grande-Bretagne, que lui-même s'attendait à un conflit avec les Américains, mais qu'il ne le susciterait pas maintenant, car il fallait vaincre les ennemis les uns après les autres... Autre manière de signifier que l'Allemagne s'en prendrait d'abord à la Russie.

De sorte que Matsuoka quitta Berlin sans que les Allemands l'aient pressé d'attaquer l'URSS dès qu'ils en donneraient le signal ; ils avaient seulement exprimé claire-

> "*Nous n'entrerons pas en guerre, même pour l'attaque des Philippines.*"
>
> Roosevelt, 1940

ment leur intention d'aider au mieux le Japon s'il attaquait les Américains et l'encourageaient à ruiner la puissance anglaise en Asie.

A Moscou, où il rencontra Staline et Molotov, Matsuoka proposa de racheter le nord de Sakhaline... "Plaisantez-vous?" demanda Molotov, prêt, par contre, à signer un accord de neutralité pour que le Japon ait les mains libres dans le Pacifique... Le Japon et l'URSS signèrent ainsi, le 13 avril 1941, un traité où les deux puissances s'engageaient à respecter l'inviolabilité de leurs satellites, le Mandchoukouo et la Mongolie extérieure, ce qui provoqua une réaction indignée de Chiang Kai-shek, souverain nominal des deux "Etats". Staline raccompagna Matsuoka à son train et mit la main sur l'épaule de l'ambassadeur d'Allemagne Schulenbourg, lui disant: "Nous devons rester amis." Celui-ci, au fond, en était d'accord. Alors que Matsuoka avait signé par résignation, déçu par la réserve des Allemands, au contraire, Staline était ravi: l'Allemagne avait dupé le Japon en signant sans l'avertir un pacte avec l'URSS en 1939 — cette fois, le Japon signait avec l'URSS sans avertir l'Allemagne et lui rendait la monnaie de sa pièce...

Saburu Kurusu, ambassadeur japonais à Berlin, auprès du comte Ciano et d'Adolf Hitler, après la signature du Pacte tripartite, le 27 septembre 1940. Ce pacte fut une sorte de "replâtrage" du Pacte anti-Komintern, signé quatre ans plus tôt, le 25 novembre 1936, entre les mêmes partenaires, mais mis à mal par la conclusion... du Pacte germano-soviétique.
Ph © Lapi-Viollet

Invité par Ribbentrop, l'ambassadeur extraordinaire Matsuoka passe d'abord par Moscou, le 23 mars 1941, pour sonder les intentions soviétiques. Il propose de racheter Sakhaline. "Plaisantez-vous ?", demande Molotov, prêt en revanche à signer un accord de neutralité, qui laisse au Japon les mains libres dans le Pacifique.
Ph © Coll. Viollet

L'enjeu de l'Indochine

Au Japon, le vide causé par l'absence de la France et de l'Angleterre dans le Sud-Ouest asiatique suscitait une attraction irrésistible. Les capitulations de Vichy devant Tokyo en Indochine, les avantages obtenus aux dépens de l'Indochine française par la Thaïlande grâce à l'intercession du Japon faisaient de cette région une "zone réservée", et de la Thaïlande un client dont le territoire pourrait servir de base à une attaque contre la Malaisie et la Birmanie. Puisque l'URSS était neutralisée, ces horizons étaient trop enchanteurs pour que l'Empereur et le prince Konoye puissent s'en détourner. En avril 1941, le *Japan Times and Advertiser*, qui exprimait l'opinion des officiels, publia un article sur l'Ordre nouveau dans le monde : le Japon et l'Allemagne étaient placés en tête des nations devant l'instituer et, si l'on reprenait la formule de la zone de coprospérité, il s'agissait d'un partage du monde en zones d'influence.

A peine l'Allemagne était-elle entrée en guerre contre l'URSS que Matsuoka essaya de persuader l'Empereur et le prince Konoye de la nécessité d'intervenir aussi, car l'URSS serait vaincue en un tournemain ; et ensuite, il serait trop tard pour bénéficier des fruits d'une victoire commune. Mais le siège des militaires était fait ; ils ne se battraient pas sur deux fronts, étant entendu que, pour eux, la Chine n'était pas vraiment un front. Ils entendaient progresser vers le sud, les matières premières : la difficulté était que le secrétaire d'Etat américain Cordell Hull n'exigeait rien moins, pour négocier un arrangement dans le Sud-Est asiatique, que l'abandon par le Japon du Pacte tripartite et l'évacuation de la Chine du Nord, refusant l'argument des Japonais selon lequel il leur fallait maintenir des troupes pour lutter contre le communisme. Quelques années plus tard, on a pu accuser Roosevelt d'avoir provoqué la guerre par ces exigences puisque les Américains, dès l'été 1941, avaient réussi à décoder MAGIC, le code des Japonais : certes, les Américains disposaient ainsi des moyens de vérifier la véracité des dires de leurs interlocuteurs, mais ils avaient du même coup la possibilité de prévenir un conflit manifestement prémédité par les Japonais.

Parler de surprise, à propos de Pearl Harbor, était une comédie, ont pu juger de nombreux adversaires de Roosevelt et de l'entrée en guerre aux côtés des Soviétiques. Il s'était laissé manipuler par Churchill.

De fait, si on regarde les actualités japonaises de la seconde moitié de 1941, elles sont bruyamment antiaméricaines, tout comme les actualités *Paramount* manifestent, elles aussi, des sentiments peu amènes vis-à-vis des Japonais. Il est ainsi doublement surprenant que l'attaque japonaise ait pu être une surprise...

Les Américains avaient fait connaître aux Japonais leur mécontentement devant leur irruption en Indochine, puis l'occupation de tout ce territoire, qui s'ajoutait au dépècement de la Chine. Le 9 avril 1941, Cordell Hull avait fait de nouvelles propositions "pour le maintien de bonnes relations entre les deux pays" : respect de l'intégrité territoriale des nations ; statu quo dans le Pacifique, porte ouverte en matière d'expansion coloniale... Pas un mot n'était dit du Mandchoukouo mais, implicitement, la Chine devait être évacuée. Le prince Konoye jugeait qu'on pouvait négocier sur ces bases, mais Matsuoka et Tojo rallièrent l'Empereur à une politique plus offensive qui avait pour but d'établir une "sphère de coprospérité" dans le Sud-Est asiatique, "sans se laisser dissuader par le risque d'être entraînés dans une guerre avec la Grande-Bretagne et les Etats-Unis d'Amérique" (2 juillet 1941). L'amiral Yamamoto prépara alors ses plans

A Berlin, Matsuoka rencontre le Führer le 27 mars et apprend son intention d'attaquer l'URSS en priorité. Mais les Allemands ne pressent pas pour autant le Japon d'attaquer lui aussi les Soviétiques et l'encouragent plutôt à ruiner la puissance anglaise en Asie, quitte à se retrouver confronté aux Américains.
Ph © Coll. Viollet

Le général Tojo va convaincre l'empereur Hiro-Hito d'entrer en guerre contre les Etats-Unis qui, après l'invasion de l'Indochine, ont gelé les crédits japonais et imposé un embargo sur le pétrole. Le 16 octobre 1941, il est nommé Premier ministre en remplacement du prince Konoye, qui suggérait au contraire de négocier.
Ph © Musée d'Histoire contemporaine-BDIC

d'attaque sur Pearl Harbor, l'Empereur ne manifestant aucune hésitation quant au principe d'une guerre, mais seulement l'inquiétude qu'elle ne soit victorieuse avec la même promptitude qu'en 1905, à Tsoushima — ce dont on ne put l'assurer.

Dans ce contexte, une sorte de compromis fut accepté : on continuerait à négocier avec les Etats-Unis, on se débarrasserait de Matsuoka et de toute idée d'intervenir militairement contre l'URSS, puis on prendrait des gages en occupant toute l'Indochine. Le prince Konoye gardait le pouvoir mais le belliciste Tojo prenait une place plus importante dans le gouvernement — avant de le diriger — avec l'aval de l'Empereur.

Les priorités américaines

Aux Etats-Unis, on pensait que l'invasion de la Russie puis l'occupation de l'Indochine auraient pour résultat soit l'invasion de la Sibérie, soit l'expansion vers le sud — en l'occurrence la Malaisie —, soit l'intensification des opérations militaires en Chine. On fit savoir à l'ambassadeur japonais aux USA Nomura que l'invasion de l'Indochine était en opposition avec l'esprit des négociations en cours. Roosevelt gela les crédits japonais aux USA et institua un embargo de fait sur le pétrole : mesures graves et qui prenaient une tonalité agressive avec la nomination du général MacArthur, commandant du théâtre d'opérations en Extrême-Orient, ce qui était une fonction nouvelle créée pour la circonstance.

Le vrai problème est que Roosevelt jugeait, certes, la guerre inévitable ; mais à plus long terme, parce qu'il pensait que l'opinion aux Etats-Unis y était trop hostile et que l'invasion de la Malaisie ne constituerait pas une cause suffisante pour que les Américains acceptent une guerre. De même qu'en Europe, nombre de Français avaient dit qu'ils ne voulaient pas "mourir pour Dantzig", on se trouvait aux USA dans une situation similaire. "Nous n'entrerons pas en guerre même pour l'attaque des Philippines", avait dit Roosevelt. Il croyait ainsi pouvoir temporiser, et cela paraissait d'autant plus urgent qu'avec Churchill, les dirigeants américains avaient estimé que priorité devait être accordée à la lutte contre l'Allemagne nazie, et d'abord en aidant financièrement et économiquement

HIRO-HITO ET LE PLAN D'ATTAQUE JAPONAIS

L'empereur Hiro-Hito était bien au courant des plans militaires de son gouvernement et du Haut Commandement. Dans ce texte, un enquêteur américain, le colonel Sackett, interroge le conseiller Kido, qui a laissé un Journal personnel, sur ce qu'il savait de Hiro-Hito.

Sackett: — N'est-il pas vrai que l'empereur n'était point tant hostile à l'idée d'acquérir des bases en Indochine française qu'inquiet en pensant aux incidences néfastes que cela pourrait avoir dans les négociations avec les Etats-Unis ?

Kido. — Oui, c'était son principal souci.

Sackett: — Nous pouvons donc dire que l'empereur n'était pas vraiment opposé à l'expansion japonaise dans le sud, à condition qu'elle pût être accomplie sans encourir les foudres et l'hostilité de nations telles que la Grande-Bretagne et les Etats-Unis ?

Kido. — Parce que les militaires assuraient qu'ils pourraient régler l'incident chinois et l'empereur désirait, bien sûr, vivement que cela fût fait le plus vite possible ; il était dans une position délicate.

Sackett: — En fait, aucune des personnes haut placées n'était opposée à l'expansion de l'influence japonaise vers le sud, si elle pouvait se faire sans provoquer une guerre contre les Etats-Unis et la Grande-Bretagne ? C'est exact ?

Kido: — Oui.

Sackett: — Mais lorsqu'on décida, durant la conférence impériale, que le Japon ne tolérerait aucune ingérence de la part des Etats-Unis, on savait déjà que ce pays risquait de fort mal prendre l'envoi de troupes japonaises en Indochine française ; pourtant, malgré tout, on a choisi une politique étrangère qui obligeait le Japon à se battre contre les Etats-Unis, s'il le fallait, pour respecter son programme et débarquer ses soldats.

Kido. — Oui.

Sackett: — Le 26 juillet, vous faites allusion à des défenses antiaériennes dans le parc du

palais. Pourquoi donc équipait-on le palais de défenses antiaériennes ? De qui le Japon pouvait-il craindre des attaques aériennes contre le parc du palais ?

Kido: — Etant donné que les négociations entre le Japon et les Etats-Unis devenaient critiques, la construction d'abris antiaériens a été discutée avec l'empereur.

Sackett: — En d'autres termes, c'était simplement l'un des plans adoptés par le Japon en prévision d'un possible conflit avec les Etats-Unis. Est-ce bien cela ?

Kido: — Oui. (...)

Kido: — En règle générale, l'empereur me disait tout, mais en ce qui concernait les opérations, l'empereur était très réservé et me taisait parfois certaines choses.

Sackett: — En d'autres termes, quand les chefs d'état-major de l'armée ou de la marine évoquaient avec l'empereur des questions concernant les opérations, celles-ci étaient tellement secrètes qu'il n'en parlait normalement à personne ?

Kido: — Peut-être l'empereur pensait-il aussi que s'il révélait de telles affaires au garde du Sceau impérial, ce dernier pourrait trouver le secret trop lourd ou avoir ensuite à s'en repentir.

Sackett: — J'imagine que l'empereur avait appris de l'armée et de la marine, au cours de leurs entretiens privés, ce projet d'attaque contre Pearl Harbor avant qu'il n'ait lieu ?

Kido: — Je crois qu'il était en effet au courant de l'attaque contre Pearl Harbor. Et un peu plus tard :

Sackett: — Je ne doute pas que l'empereur ait connu ces projets d'opérations contre Pearl Harbor et la décision de déclencher effectivement l'atta-que, longtemps à l'avance ?

Kido: — Je crois que l'empereur en avait été instruit préalablement, parce que l'état-major général de la Marine lui soumit directement les grandes lignes du projet d'attaque. ■

Edward Behr, *Hiro-Hito, l'empereur ambigu*, Laffont, Paris, 1989, pp. 269, 270 et 324.

la Grande-Bretagne. "Il y a moins de chances pour les Etats-Unis d'entrer en guerre si nous faisons maintenant tout ce que nous pouvons pour aider les nations qui se battent contre l'Axe, plutôt que d'accepter leur défaite." Le prêt-bail — avec livraison mais paiement ultérieur —, l'installation de forces américaines en Islande, la belligérance *de facto* dans la bataille de l'Atlantique, puis la Charte de l'Atlantique, autant de pas qui, selon Roosevelt, pouvaient amener Hitler à réagir... Washington jouait la provocation avec Berlin, mais ce fut Tokyo qui attaqua...

La désinformation japonaise

Les Japonais jugeaient, de leur côté, que les Etats-Unis se montraient agressifs à leur endroit : après tout, l'occupation de l'Indochine s'était effectuée avec l'accord des autorités de Vichy, un gouvernement reconnu par Washington ; Konoye pouvait ainsi estimer qu'il avait la loi internationale avec lui ; surtout, le blocage pétrolier apparut une mesure d'encerclement inadmissible et qui atteignait le Japon à son point sensible : le manque de sources d'énergie, le besoin de disposer de pétrole,

*E*n novembre 1941, alors que les plans d'attaque sur Pearl Harbor sont fin prêts, des ambassadeurs japonais continuent à négocier la paix à Washington, qui ne voit rien venir et continue d'accorder la priorité au soutien de la Grande-Bretagne contre l'Allemagne.
Ph © Musée d'Histoire contemporaine-BDIC/Arch. Casterman.

de caoutchouc aussi. Konoye était prêt à se rendre à Washington, à rencontrer Roosevelt pour prévenir la guerre qu'il pressentait. Car les Américains demandaient à Tokyo de se retirer du Pacte tripartite, d'évacuer la Chine. Jusqu'où iraient leurs exigences ?

Dès octobre, Konoye démissionnait, laissant la place à Tojo, car Roosevelt avait reporté l'entrevue "tant que ne seraient pas réglés les problèmes fondamentaux". L'ambassadeur Kurusu fut envoyé à Washington pour seconder Nomura, étant entendu qu'il fallait négocier pour gagner du temps, les Japonais ayant programmé leur attaque sur Pearl Harbor pour le début de décembre, ce qu'ignoraient les envoyés du Mikado. Grâce à leur décryptage du code japonais, les Américains purent connaître les propositions japonaises (*a*. retirer toutes les troupes

LA GUERRE DU PACIFIQUE

de Chine, ou bien b. ne plus progresser et recevoir du pétrole), mais ils ignoraient que celles-ci étaient fictives et que, semble-t-il, même les ambassadeurs japonais à Washington ne savaient rien du dispositif véritable des dirigeants japonais. Dans toute cette négociation, les Japonais avaient su pratiquer des techniques de désinformation inédites : envoyer un ambassadeur pacifiste alors qu'ils préparaient la guerre, assurer le départ vers l'Amérique du paquebot *Nitta Maru*, comme si de rien n'était...

Le plan d'attaque sur Pearl Harbor datait de plus d'une année, et l'idée d'une guerre contre les Etats-Unis de près de vingt. A Washington, au pire, on prévoyait une attaque japonaise sur les Philippines : "Tout était prêt pour l'accueillir", disait MacArthur. Mais tout comme à Pearl Harbor, les Américains furent pris au dépourvu.

Aussitôt après l'attaque de Pearl Harbor, les Japonais entreprennent une offensive qui leur permet de contrôler, en l'espace de huit mois, la moitié du Pacifique. Début 1942, ils occupent la Thaïlande, Hong-Kong, Guam, Bornéo, la Malaisie, les Célèbes et une partie de la Nouvelle-Guinée ; en février, Singapour capitule ; en mars, c'est au tour de l'Indonésie, de la Birmanie, puis des Philippines en mai. Au début de l'été, une ultime avancée leur permet de débarquer aux Aléoutiennes et à Guadalcanal, d'où partira la reconquête américaine, en février 1943.

Chapitre 6

LE TOURNANT DE LA GUERRE

STALINGRAD, EL-ALAMEIN, GUADALCANAL : CES TROIS VICTOIRES ALLIÉES DE LA FIN 42 ONT ÉTÉ PERÇUES COMME UN TOURNANT. EN RÉALITÉ, LES JEUX N'ÉTAIENT-ILS PAS DÉJÀ FAITS UN AN AVANT, AVEC L'ENTRÉE EN GUERRE DES USA ET LES PREMIERS REVERS ALLEMANDS ?

On répète volontiers, depuis la fin de novembre 1942, que c'est à ce moment-là que se situe le tournant de la guerre. Ce sentiment, bien des dirigeants civils et militaires l'ont eu, et notamment Churchill, Roosevelt, Mussolini. Mais les Allemands ? Et les populations sous leur contrôle ?

Par ailleurs, avec le recul de l'histoire, on peut se demander si les jeux n'étaient pas faits auparavant... indépendamment de la conscience que les sociétés avaient de leur propre histoire. Seuls quelques prophètes l'ont senti, mais était-ce le résultat d'une analyse — ou d'un acte de foi ?

Fin 42 : aboutissement ou nouveau départ ?

Depuis les discours de Churchill, on présente la fin de l'année 1942 comme le tournant de la guerre. Simultanément, après plusieurs années de victoires, voici en effet la Wehrmacht subissant un vrai désastre à Stalingrad, tandis qu'en Afrique du Nord, les Germano-Italiens sont battus à El-Alamein et que le débarquement allié au Maroc et en Algérie complète le retournement qui s'est opéré en Europe. Or, l'initiative a changé de camp dans le Pacifique aussi, où le Japon connaît son premier grave insuccès à la bataille de Guadalcanal. De sorte que l'année 1943 s'ouvre sur des perspectives entièrement nouvelles, la victoire des Alliés apparaissant désormais inéluctable. Depuis plusieurs mois, Mussolini a dit son inquiétude aux Allemands et a suggéré à Hitler de faire la paix, au moins à l'Est.

En novembre 1942, les troupes du général Paulus entrent dans les faubourgs de Stalingrad, après une offensive couronnée de succès. Mais sans tarder, Joukov et Vassilievski préparent une contre-offensive d'envergure et, dès la fin du mois, 300 000 soldats de la Wehrmacht se retrouvent encerclés. La moitié d'entre eux vont mourir de faim et de froid, tandis que Hitler s'obstine dans le refus de capituler. Le 2 février 1943, Paulus s'y résout pourtant avec quelque 100 000 survivants. Cette victoire soviétique eut, dans le monde entier, un retentissement considérable.
Ph © L'Illustration/Sygma

En février 1943, les Américains enregistrent leur premier succès contre les Japonais à la bataille de Guadalcanal, île de l'archipel des Salomon, qu'ils prennent après six mois de combats acharnés. C'est le début de la reconquête du Pacifique — ici, aux îles Marshall, en février 1944.
Ph © Coll. Viollet

Encore faut-il noter qu'à cette époque, en Europe occupée, cette manière de voir était contrebalancée par la crainte que la puissance allemande ne disposât encore de possibilités insoupçonnées, en armes nouvelles notamment ; et comme par ailleurs les pays occupés avaient à subir un régime de terreur de plus en plus cruel — et qui depuis novembre 1942 s'étendait à la France tout entière —, les populations étaient aussi sensibles à l'aggravation de leur sort qu'à l'amélioration de la carte de guerre. Dans ce contexte, il n'apparut pas nécessairement à ce moment-là qu'à sa façon, l'occupation de la zone libre était le dernier succès de Hitler.

Aujourd'hui, avec le recul de l'histoire, on observe que ces trois grands succès alliés constituent autant un aboutissement qu'un nouveau départ. Seuls quelques visionnaires ont su voir que le grand tournant de la guerre se situait dès le début de 1942, voire fin 1941, et non pas entre novembre 1942 et janvier 1943 : tel fut le général de Gaulle qui, en décembre 1941, déclarait à l'un de ses interlocuteurs interloqué : "La guerre est finie, elle se termine même plus tôt que je ne le pensais." Il juge, en effet, que, jointe à celle de l'URSS qui résiste, la puissance de l'Amérique garantit la défaite de l'Allemagne et du Japon ;

les pertes dramatiques des USA à Pearl Harbor, des Anglais à Hong-Kong et Singapour, et qui seront suivies d'autres, ne constituent, selon lui, que des péripéties ; au moins ont-elles l'avantage d'avoir fait entrer les USA dans la guerre plus tôt qu'il n'était envisagé, et avec plus de détermination qu'en toute autre circonstance : à quelque chose malheur est bon.

Les premiers revers allemands.

L'autre donnée, qui légitime évidemment une réévaluation de l'époque-tournant traditionnelle, est bien, grâce aux archives allemandes et russes, une meilleure connaissance de l'histoire de la guerre sur le front de l'Est. Il semble que la bataille de Moscou — annoncée par un premier échec allemand près de Rostov — ait été autant que Stalingrad (et plus tard Koursk) un de ces grands épisodes qui annoncent une catastrophe finale pour la puissance nazie. Sur le moment, l'importance de la bataille de Moscou a été sous-estimée parce que les succès japonais de décembre 1941 et janvier 1942 ont aidé la propagande allemande à en cacher la mesure. "Seules bonnes nouvelles", disait Hitler en ce début 1942, mais mesurait-il l'ampleur des mauvaises nouvelles ? On sait aujourd'hui que, durant ces trois mois — décembre 1941 à février 1942 —, les Allemands ont perdu plus de trois cent mille hommes, ainsi que six cent mille soldats — blessés, les membres gelés — ont été mis hors de combat, soit 20 % des effectifs. En vérité, ces données ont été entre les mains des dirigeants nazis sur le moment, mais ils n'ont pas voulu les diffuser ; les historiens les ont connues dès le lendemain de la guerre aussi ; mais en cette époque de guerre froide, les Anglo-Saxons et les Français ont eu tendance, de plus en plus, à faire reporter sur l'aide américaine les succès globaux de l'armée soviétique — les livraisons par Mourmansk et l'Iran —, alors que ces livraisons n'ont été effectives que bien plus tard. Etant donné que, par ailleurs, les victoires russes de l'hiver 41-42 ont été "effacées" dès mai 1942 par la foudroyante avance allemande vers le Caucase, la portée des batailles de Rostov et de Moscou en a été dévaluée.

Or, Goebbels, dès le 16 janvier 1942, a le pressentiment que la guerre peut être perdue. Il en fait confidence à son *Journal* intime ; et ce sont les défaites de Russie

*A*utre grand artisan du redressement allié de l'année 1942, le général Montgomery, à la tête de la VIII° armée britannique en Egypte, brise le mythe de l'invincibilité de Rommel en remportant la victoire d'El-Alamein, entre le 23 octobre et le 4 novembre 1942.
Ph © Coll. Viollet

Dès le 3 octobre 1941, Joseph Goebbels lance une grande campagne de collecte des vêtements chauds pour les soldats du front de l'Est, signe que la grande offensive d'automne n'est pas aussi rapide que prévu. Lors de l'ouverture officielle de cette campagne au palais des sports de Berlin, des soldats blessés se sont vu offrir des places d'honneur.
Ph © Musée d'Histoire contemporaine-BDIC

bien plus que l'intervention américaine qui sont à l'origine de ce diagnostic. Déjà inquiet de certains contretemps dans la grande offensive d'automne 1941, il avait proposé à von Bock de prévoir des vêtements chauds pour les soldats de la Wehrmacht. Mais, en septembre, cela eût signifié que la guerre ne serait pas gagnée dans les trois mois, et l'état-major allemand était convaincu du contraire. "Nous serons dans des appartements bien chauffés à Moscou", avait répété von Bock à Goebbels qui insistait. Goebbels prit donc sur lui, sans consulter Goering, mais, semble-t-il, en prévenant Hitler, de lancer la grande campagne de collecte de vêtements chauds, qui commença à faire vaciller les certitudes de l'arrière quand on la rapprocha de la destitution du généralissime von Brauchitsch. Mais l'art de Joseph Goebbels réussit à transformer cette campagne en une grande victoire de la solidarité de l'arrière pour les combattants.

La signification de cette campagne n'en était pas moins claire. Au moins le fut-elle pour les soldats du front de l'Est qui gelaient sur place et ne reçurent qu'une faible part de ces envois de vêtements chauds, les partisans soviétiques faisant sauter les voies ferrées à l'arrière des lignes. Au reste, les milliers de lettres de soldats té-

QUAND LE FÜHRER CHANTAIT VICTOIRE

Entretien avec le comte Ciano, du 25 octobre 1941

Revenant à la situation générale, le Führer fit remarquer que les événements des derniers quatre mois avaient décidé de l'issue de la guerre et que l'ennemi, de toute façon, n'avait plus aucune chance de renverser cette situation. Les Anglais pourraient, bien sûr, déclencher encore des opérations locales, mais une victoire sur le continent était dorénavant hors de leur portée.

Eux-mêmes n'étaient pas en mesure de tenter un débarquement sur le continent, et encore moins de le réussir. D'autre part, il leur manquait un appui venant de l'autre côté pour mener à bonne fin pareille entreprise. La Russie, maintenant vaincue, aurait pu — et cette possibilité se dessinait aujourd'hui avec la même netteté qu'il y a cinq mois — favoriser largement, il est vrai, leurs projets d'agression. Une attaque par surprise des Russes, et la guerre aurait pris une tournure catastrophique, non seulement pour l'Allemagne et l'Italie, mais également pour l'Europe entière et la civilisation.

Cette possibilité, l'Union soviétique l'avait maintenant définitivement perdue, et cela non seulement pour des raisons géographiques, le front étant établi à 1 500 km de la frontière orientale du Reich, mais aussi pour des raisons militaires, aussi bien sur le plan du personnel et du matériel que sur celui de l'organisation. En ce qui concerne son potentiel en hommes, cet Etat géant avait perdu ses meilleures unités. Quant à son armement également, il en avait perdu tant que les démocraties ne seraient pas à même d'en fournir la même quantité en cinq ans, même en négligeant leur propre armement. Mais le fait essentiel était la ruine de toute organisation de l'Etat russe dans une mesure qu'on ne pouvait pas encore évaluer. Des observations de l'ambassadeur de Turquie à Moscou, datant d'avant les batailles de Wjasma et Briansk, il ressort à quel point l'organisation et la discipline intérieures s'étaient effondrées. Dans un Etat où le pouvoir était centralisé à tel point que, en prenant un exemple un peu trivial, même la distribution des brosses à dents, en admettant que la Russie en connaisse l'emploi, doit être organisée par un service central à Moscou, il est impensable qu'on puisse mettre sur pied un nouveau centre gouvernemental situé à plusieurs centaines de kilomètres de la vraie capitale. Le colosse russe est déjà incapable de mettre en place le dispositif purement technique, de sorte qu'il serait impossible de créer, après avoir quitté Moscou, un gouvernement central et une administration d'Etat. (...) Le prochain objectif des opérations allemandes était, selon le Führer, le Caucase qu'il importait de couper du nord, y compris l'oléoduc déjà interrompu et les lignes de chemin de fer. Il (le Führer) serait fort content si, de cette manière, les troupes allemandes rencontreraient les premières divisions du général Wavell, et qu'elles contribuent ainsi à soulager le secteur méditerranéen. Le meilleur moyen de réaliser ce soulagement serait la menace véritable et sérieuse d'une attaque des positions anglaises de la part du monde arabe, de quelque point que cette attaque parte. (...)

Au cours de l'entretien, le Führer rappela les grands plans stratégiques et opérationnels qu'il avait exposés au Duce lors de la dernière visite de celui-ci. A cette époque, il avait fixé l'objectif de détruire l'armée Boudienny qui se trouvait alors au nord-ouest de Kiev, ainsi que de bousculer et d'encercler l'armée Timochenko. Il n'avait voulu écrire au Duce que lorsque ces projets seraient réalisés. Il pouvait affirmer aujourd'hui que ses idées opérationnelles d'alors avaient été mises en pratique d'une manière extraordinaire. Les armées de Boudienny et de Timochenko avaient été écrasées et plus d'un million et demi de Russes avaient été faits prisonniers. (...) Selon ses estimations, les pertes totales des Russes se chiffrent à 10 millions d'hommes au minimum, ce qui ne représente qu'une évaluation très prudente. En réalité, ces chiffres sont probablement plus importants. Il fallait encore ajouter que la quasi-totalité du corps des officiers et sous-officiers était anéantie. ■

A. Hillgruber, *Les Entretiens secrets de Hitler*, pp. 636-637, Fayard, Paris, 1989.

D'octobre à décembre 1941, la bataille de Moscou stoppe l'offensive de la Wehrmacht et marque l'échec du Blitzkrieg à l'Est. Soigneusement passé sous silence par la propagande allemande, ce premier grand revers a longtemps vu son importance sous-estimée. Cette photographie de matériel abandonné dans la neige fut la première, reçue à Londres, à témoigner de la retraite allemande.
Ph © Musée d'Histoire contemporaine-BDIC/Arch. Casterman

moignent de leur désarroi : comme l'avait vu également Anthony Eden, qui avait fait le voyage de Moscou par le chemin de fer de Mourmansk et qui fut mis en présence de prisonniers allemands ; non seulement ceux-ci portaient leur uniforme léger, mais leurs bottes étaient de mauvaise qualité comparées à celles des Russes. Goebbels n'avait pas été le seul à mesurer l'ampleur de la défaite allemande en Russie ; Todt, ministre de l'Armement et des Munitions, avait lui aussi jugé "qu'il fallait songer à chercher une issue politique à la guerre". C'était le 29 novembre 1941, par conséquent avant Pearl Harbor et l'entrée en guerre de la puissance américaine.

A peu près au même moment, le général von Hanneken affirmait que le *Blitzkrieg* était terminé. Le plan stratégique initialement conçu par Hitler avait échoué. Pour gagner la guerre, il fallait que l'Allemagne reconstruise l'économie du continent sur des bases nouvelles. Cela exigerait des sacrifices, et "si le peuple allemand n'est pas prêt à les accepter, il n'est pas digne de vivre", commentait Hitler. Naturellement, les vaincus devaient subir la plus lourde charge et il n'était plus question de les ménager ; devant la résistance soviétique et l'apport américain — que les Allemands sous-estiment encore, comme en 1917 —, la production doit s'accroître à n'importe quel prix, prix humain, bien entendu. "Il est temps que

ÉCHEC DU BLITZKRIEG À L'EST

les Français en arrivent à bouffer la selle de leurs chevaux", disait Goering... "La collaboration, je la vois de la façon suivante : qu'ils livrent tout ce qu'ils peuvent jusqu'à ce qu'ils n'en puissent plus ; s'ils le font volontairement, je dirai qu'ils collaborent ; s'ils bouffent tout eux-mêmes, alors ils ne collaborent pas." Et il ajoute, s'adressant à Sauckel, nommé *Gauleiter* pour le Service du travail obligatoire, début 1942 : "Dites aux usines françaises que si elles ne livrent pas, elles n'auront rien à se mettre sous la dent."

Les signes du changement

Ce durcissement coïncide avec les commencements de l'extermination systématique des Juifs contre lesquels Hitler ne cesse de fulminer entre la fin de 1941 et le début de 1942 ; et la Conférence de Wannsee, sur l'organisation de cette extermination, date précisément du 20 janvier 1942 ; elle est secrète, mais s'accompagne aussitôt de toute une série de mesures en Europe occupée, la France notamment, pour arrêter les Juifs selon les pratiques qui ont été utilisées à l'Est durant l'automne 1941, en particulier dans les pays Baltes ; Heydrich est chargé de l'exécution. Cela signifie que, puisque la solution territoriale du regroupement des Juifs n'est plus possible, il faut mettre sur pied la solution biologique...

> *"Nous serons à Moscou dans des appartements bien chauffés."*
>
> Le général von Bock à Goebbels, septembre 1941

LE FRONT DE L'EST (1941-1945)

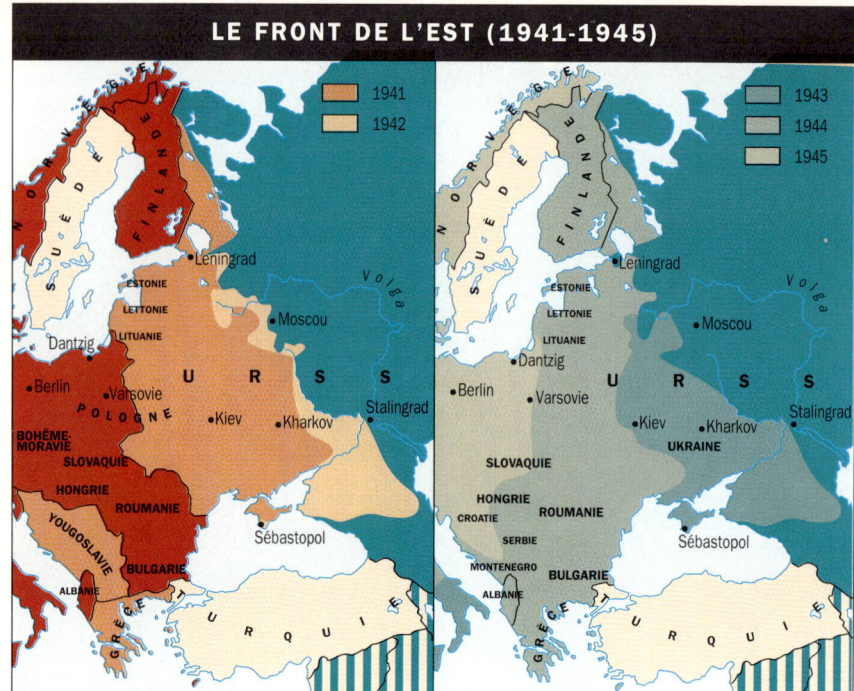

*C*ommencée le 22 juin 1941, l'offensive allemande (à laquelle s'est associée l'armée finlandaise) est stoppée une première fois devant Moscou en février 1942. Relancée au printemps vers le Caucase, la Wehrmacht fait une avancée foudroyante mais se retrouve prise au piège de Stalingrad (novembre 1942-février 1943). L'initiative est dès lors dans le camp des Soviétiques qui entament leur progression vers l'Ouest.

Simultanément, le régime nazi resserre les liens avec les organisations fascistes et collaborationnistes qu'il avait, jusque-là, tenues à l'écart tout en les assurant, bien sûr, de sa plus vive sympathie. Ainsi, fin 1941 et tout au début de 1942, Hitler accepte que le Hollandais Mussert lui fasse serment d'allégeance, et seul son parti est désormais autorisé à exister aux Pays-Bas. Un peu plus tard, il resserre les liens avec Vidkun Quisling qui a pris la tête d'un gouvernement norvégien, à la demande du *Reichskommissar* Terboven : or, les Allemands avaient jusqu'alors repoussé sa demande. En Bohême-Moravie, de même, Hitler a substitué à von Neurath, vieux diplomate officiellement déclaré malade, Reinhard Heydrich qui, dès son arrivée à Prague, proclame la loi martiale. En Belgique, Léon Degrelle devient, pour l'ensemble des collaborationnistes francophones, "le héros de la Grande Croisade contre le bolchevisme" et est nommé *Sturmbannführer*. Ainsi, on assiste à la fois à une promotion du fascisme et de ses méthodes, et à un durcissement contre les populations occupées ou annexées. En France, le régime Pétain ne lâche rien de son pouvoir, mais les exigences allemandes deviennent tellement excessives et rude la répression — les exécutions de 27 otages communistes à Châteaubriant datent de la fin d'octobre, l'écrivain Jacques Decour est fusillé en février 1942, etc. —, que le retour de Laval au pouvoir en février 1942, ressenti comme un retour à la collaboration ("Je souhaite la victoire de l'Allemagne"), est en fait une mesure de sauvegarde de Pétain qui croit ainsi mieux se protéger des exigences allemandes, de la "polonisation".

Ainsi, toutes ces données forment un ensemble : elles corroborent cette idée que la guerre a complètement changé de nature et de dimension au cours de l'hiver 1941-1942 et du printemps 1942. Le bombardement systématique des villes allemandes par la Royal Air Force à partir de juin 1942 marque aussi un tournant : successivement, Cologne, Brême, Hambourg sont frappés.

Mais le tournant de 1942 se situe également au niveau industriel : en Allemagne, la production d'avions s'accroît, certes, et elle doit passer de 12 500 avions achevés en 1941 à 15 500 prévus pour 1942. Or l'Amérique, seule, en prévoit 60 000 pour cette même année, sans compter 45 000 tanks, alors que l'Allemagne en annonce 9 000 environ. Quant à la production soviétique, elle est mal connue, mais on sait qu'en 1942 il manquait 12 500 tanks eu égard aux prévisions, ce qui laisse entendre que la production devait être considérable. Au moins sait-on que l'Armée rouge disposait de 2 000 T 34 qui étaient alors les meilleurs tanks connus, supérieurs aux chars Tigre de l'armée allemande. Quant à l'Angleterre, sa production d'avions dépasse en 1941 celle de l'Allemagne avec 20 000 appareils, puis 23 000 en 1942. C'est dire qu'en matière d'armement, la supériorité allemande appartient décidément au passé : c'est net pour l'aviation, c'est moins pour les chars — encore, l'a-t-on trop oublié, que la France en 1940 ait dis-

Hitler incapable de s'emparer de la "forteresse Leningrad". Assiégée depuis septembre 1941, la ville va soutenir un siège héroïque de 900 jours, au prix de terribles souffrances : 600 000 personnes y périssent de faim, de froid, et sous les bombardements.
Ph © Musée d'Histoire contemporaine-BDIC/Arch. Casterman

Le tournant de la guerre se situe aussi au niveau industriel : en 1942, les USA prévoient la construction de 60 000 avions, les Anglais 23 000, quand les Allemands n'en produiront que 15 500... Dans les usines Boeing, les femmes, qui ont remplacé les hommes, travaillent à la construction des B27 et B29.
Ph. © Musée d'Histoire contemporaine-BDIC/Arch. Casterman

posé d'une supériorité certaine en blindés, dont l'éparpillement avait rendu l'emploi illusoire.

Hitler avait bien toutes ces données en tête lorsque la Wehrmacht connaît ses premiers revers. Certes, à l'Est, il accuse le général Hiver d'être responsable, continuant ainsi à sous-estimer la puissance et le génie militaires soviétiques ; à l'Ouest, il méprise ouvertement Roosevelt et l'Amérique, ces "enjuivés" qu'il croit incapables de mener à bien une vraie guerre. Bien sûr, la passe de ces mois de janvier et février est difficile, mais les succès japonais et le talent de Rommel lui laissent espérer la fin prochaine de l'Empire britannique, dont la chute de Singapour est, selon lui, le présage. Cela le réconforte et l'aide à préparer la campagne d'été 1942.

Mais la plupart des signes qui rendent ce changement intelligible ne sont pas vraiment perçus — sauf par quelques-uns — au moment où ils se manifestent. Ainsi, les "sujets" allemands des actualités françaises de zone occupée évoquent plus volontiers la campagne de Russie en Crimée ou en Ukraine qu'à Leningrad ou sur le front central, où les images disent plus clairement l'ampleur des difficultés que rencontre la Wehrmacht, ensevelie dans la neige et pétrie de froid... S'il est vrai que, côté anglo-saxon, les "news" évitent de trop évoquer le cortège des désastres que le Japon leur inflige, on sait bien aujourd'hui que ce pays n'avait pas les moyens de mener une guerre longue ; mais comme on l'ignore à l'époque, ces succès fulgurants font illusion. De sorte que ce sont les succès visibles de l'hiver 1942-1943 qui sont apparus comme la bissectrice de la guerre, alors qu'en fait ils sonnaient le glas d'une défaite inconditionnelle.

Le recul de l'histoire permet ainsi de mieux déceler que l'année précipite un mouvement amorcé en ses tout premiers débuts. Il reste à savoir si Hitler a perdu la guerre parce que le Japon l'a engagée à cette date, jetant le poids de l'Amérique dans la balance ; ou si, comme certains le pensent, il l'avait déjà perdue en attaquant l'URSS avant d'avoir vaincu l'Angleterre — et en sous-évaluant, comme on a toujours eu tendance à le faire à l'Ouest, les capacités du grand voisin de l'Est, qu'il se nomme l'URSS ou la Russie. Quant aux Anglais, si la fin de la guerre leur apparaît à l'horizon, ils ont déjà le sentiment que la conduite des opérations leur échappe, que l'Amérique est désormais maître du jeu et, plus qu'à la réorganisation du monde d'après-guerre — la préoccupation de Roosevelt et de Staline —, ils songent à la restructuration de leur propre société : puisque déjà l'Australie et l'Inde ont donné des signes de leur future indépendance, le repli sur soi s'impose et l'Angleterre vit déjà, mentalement, dans les réformes sociales qu'engagera, plus tard, le *Labour Party* (James Steel).

A *la Conférence de Casablanca, en janvier 1943, la victoire a définitivement changé de camp — ici, Roosevelt, de Gaulle et Churchill. Les Anglo-Américains, en Afrique du Nord depuis le 8 novembre de l'année précédente, décident de débarquer au nord de la Méditerranée, d'intensifier les bombardements sur l'Allemagne, enfin d'exiger d'elle et de ses alliés une capitulation "sans condition".*
Ph © Keystone

Chapitre 7

TYPOLOGIE
DE LA **C**OLLABORATION

ADHÉSION AU NAZISME, SÉPARATISME, COLLABORATION D'ÉTAT : D'UN BOUT À L'AUTRE DE L'EUROPE OCCUPÉE, LA CARTE DE LA COLLABORATION ACCUSE DE NOMBREUSES VARIANTES, QUE COMPLIQUE L'ÉVOLUTION DE LA GUERRE ELLE-MÊME.

La collaboration ne s'est pas effectuée à la demande ou à l'initiative de l'Allemagne hitlérienne. Celle-ci a seulement manifesté des exigences, celles du vainqueur. Or, en France par exemple, le maréchal Pétain a laissé croire que, contrainte et forcée, la France se ralliait à une politique de collaboration, et à ses exigences — alors qu'en fait c'est bien le gouvernement de Vichy qui en a eu l'initiative, ce qui a abouti à la rencontre de Montoire en octobre 1940. Ainsi, ce que les travaux d'Eberhardt Jaeckel, puis ceux de Robert Paxton ont démontré, les Français ne l'ont pas su. Au Danemark, le roi Christian X a également pratiqué une collaboration d'Etat, acceptant le Mémorandum que présenta l'Allemagne nazie, et qui "assurait la sauvegarde des institutions et la neutralité du pays" : mais à la différence de Vichy, il ne prit aucune initiative pour en modifier les termes, en quelque sens que ce fût, la diplomatie danoise adoptant, en quelque sorte, une attitude de cadavre.

Pourtant, toutes les initiatives ne furent pas de même nature à travers l'Europe. La stratégie, les conditions idéologiques, le séparatisme interfèrent selon des dosages variés. Le premier geste ne définit pas les aspects divers de la collaboration, car les intentions des uns et des autres furent confrontées à une carte de guerre qui ne cessa d'évoluer et des réactions de vainqueurs qui changèrent elles aussi, surtout après le printemps 1942. Les perspectives initiales des partisans de la collaboration doivent être examinées en premier lieu car elles sont révélatrices, l'opportunisme ou la nécessité en modifiant les données.

Belgique : fondateur du "rexisme", mouvement politique fasciste, le Wallon Léon Degrelle est un partisan sans ambiguïté du nouvel ordre national-socialiste. Le 5 janvier 1941, il proclame son ralliement à Hitler et fonde, en juin suivant, la légion "Wallonie", avec laquelle il part sur le front russe, où il est décoré de la croix de fer. Mais concurrencé par les Flamands pronazis, il doit faire constamment de la surenchère pour bénéficier du soutien des Allemands.
Ph © Coll. Viollet

De Quisling à Mussert : le nazisme hors d'Allemagne

Le premier type de collaboration est incarné par le Norvégien Quisling, "Förer" du *Nasjonal Samling*, mouvement de type nazi et raciste, dont le nom devint un substantif : "un Quisling". Dès le début des années trente, il a présenté le bolchevisme comme le produit de la "barbarie asiatique", la race nordique demeurant l'élément créateur le plus important de la civilisation mondiale. Invité à Berlin en 1939, il explique à Alfred Rosenberg qu'une action combinée entre forces allemandes et son mouvement de la *Nasjonal Samling* doit permettre d'instaurer un régime nazi en Norvège. En fait, Hitler se passe de lui, et le roi Haakon organise la résistance contre l'envahisseur en avril 1940, sans vouloir non plus recevoir "le traître Quisling". La collaboration, selon Quisling, un homme politique déjà identifié, bien connu comme ancien ministre mais dont le parti est très minoritaire, est d'intégrer la Norvège à un ordre national-socialiste, d'identité nordique ; elle est ainsi d'ordre purement idéologique.

En Belgique, Léon Degrelle préconise lui aussi un collaborationnisme autonome des autres forces conserva-

Norvège : dès l'occupation d'Oslo par les Allemands (9 avril 1940), Vidkun Quisling, qui s'était déjà mis au service de Hitler, se proclame Premier ministre. Désavoué par le roi Haakon et très impopulaire, il est remplacé par Terboven, haut-commissaire du Reich. Rappelé en janvier 1942, il s'associe étroitement à la politique de répression qui touche opposants et Juifs.
Le nom de "Quisling" est devenu synonyme de traître.
Ph © Lapi-Viollet

trices, pour autant qu'aucun accord n'a pu se réaliser avec elles, au lendemain de la capitulation royale en mai 1940. Le 1er janvier 1941, dans son journal *Le Pays réel*, il conclut son éditorial par un "Heil Hitler". Il entend, lui aussi, dépasser l'idée nationale en intégrant son pays dans un espace européen dominé par le nazisme. Comme il est wallon et que les Flamands se sentent le vent en poupe avec la défaite de la France, Léon Degrelle doit faire de la surenchère dans le sens fasciste et européen et ses "Chemises noires" multiplient les violences contre les démocrates, dès 1940, pour affirmer leur existence et bénéficier de l'appui des Allemands.

Aux Pays-Bas, deux mouvements se disputent la faveur des dirigeants nazis; tout en adhérant à leurs doctrines, ils divergent sur un point central. Mussert rêve d'une Hollande indépendante, agrandie de la Belgique et du Nord flamingant de la France. Il jure fidélité à Hitler, mais comprend bien que son programme diverge des plans du vainqueur (septembre 1940). Van Thonningen, pour sa part, voudrait intégrer la Hollande au Grand Reich, car il estime que la supériorité de la langue flamande,

LE POINT DE VUE DE HITLER SUR DEGRELLE ET SUR LES FLAMANDS

Le 27 juin 1942 J'ordonne que l'on fasse immédiatement le nécessaire pour que l'influence de Degrelle soit déterminante dans le choix des prisonniers belges qui doivent être libérés. Il va sans dire que ceux qui exposent leur vie pour l'Europe de demain doivent avoir par priorité l'audience du Reich. J'ajoute que jusqu'ici nous avons eu beaucoup trop d'égards pour les réactionnaires belges. Ce fut une erreur de ne pas emmener le roi Léopold en captivité et de lui avoir permis de demeurer en Belgique, par courtoisie envers ses intercesseurs italiens. Si le roi des Belges n'est pas une lumière, c'est en revanche un homme très intrigant. Il est au surplus le centre de ralliement des éléments réactionnaires. En contrepartie, il y a heureusement la conduite magnifique des Flamands sur le front de l'Est. Ils sont même plus germanophiles et plus intransigeants que les légionnaires néerlandais. Cela tient sûrement au fait que les Flamands furent, durant des siècles, opprimés par les Wallons. L'absence d'harmonie entre les Flamands et les Wallons n'a pas échappé au Duce. Lorsqu'il parle de la future Europe, il a coutume de mettre les Flamands et les Néerlandais d'un côté, les Wallons avec les Français, de l'autre. En ce qui concerne le statut des Wallons, il me semble que le Duce n'envisage pas d'une façon très juste les conditions du problème dans le Nord-Ouest européen. La solution qu'il préconise pour la petite Wallonie n'est guère possible dans le cadre du grand Reich germanique. C'est pourquoi je suis ravi qu'il n'y ait, ni en Belgique ni dans les Pays-Bas, de gouvernements avec lesquels nous nous trouverions dans l'obligation de discuter. Il sera donc possible d'imposer la solution qui nous paraîtra politiquement la meilleure. Je réglerai le sort de ces petits Etats en trois phases. ∎

Extrait des *Libres Propos*, pp. 174-175.

Tout en adhérant à l'idéologie national-socialiste, le Hollandais Anton Mussert veut une Hollande indépendante, agrandie de la Belgique et du Nord flamingant de la France. Mais les Allemands ne cachent guère leur intention d'absorber l'ensemble de cette région, qu'ils considèrent comme germanique.
Ph © Harlingue-Viollet

qui est pure, doit se manifester vis-à-vis de la langue allemande, plus populaire; en conséquence, au vu de leurs autres qualités, les Flamands s'avéreront les meilleurs au sein d'un grand ensemble germanique, et ils en deviendront les leaders... Ainsi, aux Pays-Bas, ce sont les différentes variétés du nationalisme qui se croisent avec l'idéologie des dirigeants du Grand Reich: mais les objectifs divergent.

France: la collaboration d'Etat

En France interfèrent tous les types de collaboration. Ses premiers chantres comprenaient à la fois des hommes qui, tel Bergery, préconisaient une intégration de la France à la Nouvelle Europe, l'établissement "d'un nouvel ordre continental". Avec lui, dès juillet 1940, on retrouve des pacifistes d'avant-guerre, des membres du Comité France-Allemagne, tel de Brinon, et bientôt des radicaux, tels Déat, Doriot, qui épousent des idées franchement fascistes et acceptent l'ordre hitlérien, lorsque commence la guerre entre l'Allemagne et l'URSS en juin 1941. A ce courant, qui se durcit dès l'été 1941, s'associent les collaborateurs de Paris, la société mondaine des écrivains qui rôdent autour de Drieu La Rochelle, Rebatet, Brasillach, Grasset et Gallimard, ainsi que le monde journalistique de *Gringoire, Je suis partout, Au pilori*, etc. L'antisémitisme s'y dispute avec l'anglophobie, l'antiparlementarisme, mais la création du Rassemblement national populaire par Déat et Doriot fait plus de bruit qu'elle ne recueille de vraies adhésions. Ce collaborationnisme gagne du terrain, toutefois, de 1941 à 1944, et il finit par pénétrer dans le gouvernement: successivement Benoist-Méchin, Darnand et Déat y participent, donnant une tonalité fasciste au régime de Vichy d'après novembre 1942; la Milice de Darnand y jouant, à sa manière, le rôle des SA, tandis que l'éloquence chaude et habile de Philippe Henriot, venu de l'extrême droite non fasciste, ressoude tous ceux qui sont hostiles aux Anglais, à la Résistance, qu'elle soit gaulliste ou née dans les maquis.

Pour l'opinion qui s'y trompe, c'est Laval qui incarne cette politique de collaboration; dès le printemps 1942, il avait déclaré qu'il souhaitait la victoire de l'Allemagne. Pourtant, énoncée dès le mois de juillet 1940, la collaboration à la Laval puise à d'autres sources: elle est pa-

"L'IMPRÉGNATION FASCISTE" DE VICHY

cifiste, antianglaise et se veut surtout européenne, dans l'esprit de la réconciliation franco-allemande, indépendante des idéologies et des régimes. Vieux parlementaire devenu une sorte d'Edouard Herriot de la droite, Pierre Laval se considère comme Paul Reynaud, son ancien rival, l'héritier d'André Tardieu. Il n'a rien à voir avec l'extrême droite fasciste ou *Action française*, mais compose avec elle pour garder le pouvoir et mieux pactiser avec Hitler. Il se fixe cette ligne de conduite, une fois pour toutes, se disant l'anti-de Gaulle, ou plutôt son alternative stratégique. Il stigmatise l'opportunisme de Darlan, dont la politique "suit le communiqué" (du front de l'Est) et l'inconstance de Pétain, dont "il ne comprend pas" les changements d'humeur, "une girouette".

A l'origine, en effet, la collaboration à la Pétain est purement tactique, "comme à Tilsit", c'est-à-dire un retournement d'alliance qui peut être suivi d'un autre, grâce à l'intercession des Américains. Cette collaboration se présente comme un double jeu, et la population la comprend ainsi ; Hitler aussi d'ailleurs. Pourtant, la Révolution nationale et les mesures prises contre les parlementaires, la répression à sens unique, ainsi que les mesures contre les Juifs donnent au régime une imprégnation fasciste

Une réunion organisée en mai 1942 par l'hebdomadaire Je suis partout, *l'un des journaux les plus actifs de la collaboration en France. Dirigée par Robert Brasillach, sa rédaction comprend d'anciens membres de l'Action française, mouvement nationaliste d'extrême droite animé par Charles Maurras.*
Ph © Lapi-Viollet

incontestable, même si ses racines puisent à l'*Action française*. "L'armistice, rien que l'armistice", répétait Pétain qui voulait jouer seulement la carte de la collaboration économique. Mais Darlan frôle la collaboration militaire et, après novembre 1942, le régime n'est plus neutre.

*C*onstituée en novembre 1942 par Joseph Darnand, la Phalange africaine recrute des volontaires pour aller se battre en Afrique du Nord contre les Alliés. Elle n'aura pas beaucoup de succès.
Ph © Lapi-Viollet

Au fond, c'est le général Weygand qui a pratiqué la politique qu'était censé incarner Pétain : il veut résister publiquement aux Allemands en 1941 et 1942, alors Darlan et Pétain s'en débarrassent ; Pétain acceptant bon gré mal gré Laval, et Laval essayant de sauvegarder ce qui reste de la collaboration, mais surtout sans entrer en guerre contre les Anglo-Saxons. Plus le poids de l'Occupation pèse — et durement —, plus Pétain juge qu'il doit rester en place pour prévenir la "polonisation" et subir les coups à venir. Mais cette détermination s'accompagne d'une volonté de réprimer plus que jamais la résistance intérieure, sous prétexte d'empêcher le pays de devenir un champ de bataille. Alors qu'une bonne partie des Français — ceux qui refusent l'attentisme — ne le comprennent plus.

A ces formes majeures de la collaboration d'Etat ou du collaborationnisme s'ajoutent les données particulières de séparatismes régionaux, à connotation nationaliste, qui figurent un autre type de collaboration.

Ainsi, en France, si les irrédentistes corses pouvaient se tourner soit vers l'Italie fasciste, soit vers l'Allemagne nazie, on constate qu'il existait dans toute l'île un groupe d'environ 450 à 500 militants, plus ou moins affiliés au Parti populaire français de Sabiani, à Marseille, et qui appartenaient essentiellement à la composante collaborationniste, en étant plus fascistes que nationalistes, alors que les *Chantres de la Jeune Corse* indépendantistes n'étaient à cette date qu'une poignée.

Les Flamands de France, par contre, derrière l'abbé Gantois, se disent "Bas-Allemands et veulent leur retour au Reich": c'est bien le sentiment national qui les pousse, plus que l'idéologie. Leur Ligue, ou *Verbond van Frankrijk*, date de 1924 et, à l'époque de Vichy, reclus dans leur zone interdite, ils stigmatisent "l'indifférence" de Vichy pour le Nord. Leur tonalité devient plus raciste, la France de Pétain étant définie comme "méridionale, enjuivée, plus attentive au nègre et au bicot qu'au libre Flamand". Mais les duretés de l'Occupation, les mauvais souvenirs du règne des Allemands en 1914-1918, leurs excès limitent l'ampleur de ce mouvement.

En Alsace, la situation est plus complexe. Il existe des radicaux de l'*Anschluss*, des autonomistes catholiques, des autonomistes protestants, et toute une variété de positions qui évoluent en réaction à la politique annexioniste du Führer... La politique de l'occupant vise à une intégration dans les différentes organisations nazies: *Bauernschaft* pour les paysans, *Arbeitfront* pour les ouvriers, etc.; 650 000 Alsaciens y participent, mais entre 12 000 et 30 000 au parti, et 2 638 à la SS. Les autonomistes se sentent joués et il leur est reproché de ne pas avoir accompli leur *Anschluss* intérieur tandis que les nombreux départs, en 1940, vers la France du Midi et de Clermont ont suscité une méfiance des autorités allemandes qui ne s'efface pas. Le problème des "Malgré-

A partir de 1942, le gouvernement français institue le Service du Travail obligatoire (STO) à la demande de Fritz Sauckel, commissaire allemand chargé des travailleurs réquisitionnés. De juin 42 à juillet 44, quelque 600 000 travailleurs vont partir travailler en Allemagne.
Ph © Musée d'Histoire contemporaine-BDIC/Arch. Casterman

Joachim von Ribbentrop, entouré des membres du pacte anti-Komintern, le 25 novembre 1941. A sa droite: von Bardossy, représentant de la Hongrie; à sa gauche: Tuka, pour la Slovaquie. Renouvelé pour cinq ans, le pacte entérine l'adhésion de la Bulgarie et du gouvernement projaponais de Nankin.
Ph © Lapi-Viollet

Nous", engagés dans l'armée allemande, et dont on ne sait pas s'ils ont eu beaucoup de déserteurs, s'est posé tragiquement après guerre quand leur participation au massacre d'Oradour a été attestée.

L'éphémère Etat slovaque

Autre type de collaboration : celle des Etats satellites. De tous, la Slovaquie est sans doute celui qui présente l'originalité la plus contradictoire : d'un côté, elle proclama son indépendance dès avant même la Seconde Guerre mondiale, en mars 1939, se plaçant d'emblée sous la protection de l'Allemagne hitlérienne ; ensuite, parce qu'elle n'avait jamais été indépendante auparavant et qu'elle redevint une partie de l'Etat tchécoslovaque en 1945. Simultanément, ce fut en Slovaquie — et non pas en Bohême-Moravie — que la résistance à l'occupation allemande s'organisa avec le plus de vigueur, les partisans slovaques jouant un rôle considérable lors de l'avancée des troupes soviétiques en 1944.

Les nationalistes slovaques expliquent volontiers que la proclamation de l'indépendance par Mgr Tiso fut un "moindre mal" pour autant qu'autrement, la Slovaquie eût été partagée et serait retournée, au sud, sous le joug de la Hongrie, au nord sous celui de la Pologne. C'est faire l'économie des autres données de cette expérien-

ce : la Slovaquie indépendante fut un Etat quasi totalitaire, avec un parti dominant (*Hlinkova Slovenska ludova strana*), dirigé par l'abbé Hlinka qui, avec sa garde de type SA, accapara le pouvoir. Etat corporatiste et chrétien, antitchèque et antidémocrate, également antijudaïque avant d'être antisémite, expédiant plus de 50 000 citoyens dans les camps "de travail" polonais, qu'il destinait à l'extermination. Cela cessa à l'automne 1942, à l'initiative, semble-t-il, du Vatican.

Archevêque de Bratislava et membre du parti populiste slovaque, Josef Tiso proclame l'indépendance de la Slovaquie, le 10 mars 1939. D'emblée placé dans l'orbite allemande, le nouvel Etat, totalitaire et antisémite, redevient une partie de l'Etat tchécoslovaque en 1945.
Ph © Roger-Viollet

Le Protectorat de Bohême-Moravie

La situation fut tout à fait différente dans l'ancienne Bohême-Moravie, dont une partie avait été directement rattachée au Grand Reich. Officiellement dénommée "Protectorat", la Bohême-Moravie avait, à sa tête, deux autorités : le Protecteur, représentant du Reich — successivement von Neurath, Heydrich, Frick — et le président tchèque, Emil Hacha. Il subsista ainsi une structure politique que gérait une sorte de parti unique, la Coopération nationale (*Narodni Sourucenstvi*), nationaliste et antisocialiste, dont bientôt un collaborationniste, Fusek, prit la tête.

Cela suscita une réaction qui atteignit jusqu'au Premier ministre Elias, soupçonné de comploter avec Londres et que Heydrich fit arrêter, et qui fut ensuite exécuté. Bien que le régime allemand eût été relativement plus souple en Bohême-Moravie qu'ailleurs, la haine des Allemands s'exprimait par la plume des intellectuels ; car la Bohême n'a pas connu les Drieu et autres Brasillach dont la mémoire intellectuelle, en France, se plaît tant à célébrer le souvenir ou à expliquer les raisons. Bientôt, les Tchèques de Londres réussirent à organiser un attentat contre Heydrich (26 mai 1942). La répression fut terrible ; et le village de Lidice détruit, ses habitants tous exécutés, qui avaient apporté quelque aide aux membres du commando. Un exemple qui annonçait Oradour et la marche vers l'Ouest de la terreur. L'Allemagne eût-elle gagné la guerre que ses dirigeants auraient appliqué le plan prévu depuis la fin de 1940 : l'assimilation d'une moitié

A la faveur de l'invasion de la Yougoslavie en mars 1941, Ante Pavelic et le parti des oustachis *croates constituent l'Etat indépendant de Croatie. Délibérément pronazi, le nouveau régime s'est illustré par de nombreux crimes, commis envers les Juifs et les Serbes de Croatie. En bas de la photo, l'insigne des* oustachis.
Ph © Coll. Viollet

de la population tchèque et morave et l'extermination de l'autre, en commençant par les intellectuels et les malades — sans parler des Juifs, bien entendu.

Le vieux rêve de la Croatie

Le deuxième Etat constitué grâce à la victoire hitlérienne fut la Croatie, dont le vieux rêve de résurrection put s'accomplir et qui incorpora le terme "indépendant" dans sa dénomination, exemple unique en histoire : Etat indépendant de Croatie. Certes, du côté des Serbes — que Hitler jugeait l'ennemi principal —, la Croatie obtint les avantages espérés : la Drina devint la frontière, toute la Bosnie-Herzégovine passant ainsi à la Croatie avec ses 50 % de Serbes et 31 % de Musulmans. Mais la Croatie dut laisser l'Italie annexer la plus grande partie de la Dalmatie, ce qui refroidit singulièrement les relations d'Ante Pavelic, le leader fasciste croate, et des *oustachis* — insurgés — avec l'Italie mussolinienne. Il avait été question d'offrir le trône de Croatie à un prince italien, mais, dans ces conditions, le duc de Spolète, pressenti, n'osa même pas visiter Zagreb. Ces circonstances rapprochèrent encore plus les *oustachis* des Allemands, les amenant à commettre des massacres — de Serbes notamment, de Juifs aussi — que surpassèrent seulement les atrocités purement allemandes en Pologne.

Or, avant qu'Ante Pavelic prenne la tête du régime pronazi de Zagreb, les Allemands avaient offert le pouvoir à Matchek, leader du parti paysan, ancien membre du gouvernement yougoslave avant et après le putsch de Pavl. Mais, tout en appelant la population à être loyale envers l'Etat indépendant, il refusa de le diriger sous l'occupation étrangère. Ce fut un peu l'attitude aussi de l'archevêque de Zagreb, Mgr Spepinac, qui n'avait aucune sympathie pour les *oustachis*, mais jugeait impossible de combattre le pouvoir qui réincarnait l'"indépendance" croate, après tant d'années d'"humiliations" sous la domination yougoslave, donc des Serbes. Cette attitude ambiguë tout comme les cruautés du régime oustachi, dont le parti était très minoritaire, conduisirent une bonne partie de la population à se rallier aux partisans, tel Tito qui, bien que croate, continuait à se vouloir yougoslave et rallia à lui une majorité de Serbes.

Serbie : Nedic contre Tito

En Serbie, les Allemands pratiquèrent une politique très dure, répressive, et le général Nedic constitua un gouvernement mettant en œuvre une stratégie du double jeu : on l'appela le Pétain serbe... Il put ainsi constituer une petite force armée, mais il l'utilisa contre Tito et les partisans. Il joua le rôle que Matchek avait refusé de jouer en Croatie et de là vint le fait que la Croatie s'engagea plus aux côtés des Allemands que la Serbie. Mais la Serbie eut également ses ultras, dont le leader D. Ljotic, qui mit sur pied une Milice autonome : elle combattit les partisans, elle aussi, mais en coordination avec les Allemands.

Ce qui rend la situation complexe est l'attitude des nationalistes serbes fidèles au roi, dont le chef, le général Mihajlovic, combat de moins en moins les Allemands et

Nationalistes et monarchistes, les tchetniks du général serbe Mihajlovic sont les premiers à résister aux Allemands. Mais farouchement anticommunistes, ils privilégient bientôt la lutte contre Tito et ses partisans, quitte à se compromettre avec l'occupant et à multiplier les atrocités.
Ph © Keystone

de plus en plus les partisans, un peu à la manière de Chiang Kaï-shek en Chine, qui combat plus Mao que les Japonais. Mihajlovic s'allie aux Italiens contre les Croates qui, dans cette situation, se rallient aux partisans de Tito.

La volte-face de la Roumanie

Des trois Etats satellites du Reich — la Roumanie, la Hongrie, la Bulgarie —, ce fut la Roumanie qui, à la fois, collabora le plus avec l'Allemagne, participant largement à la guerre contre l'URSS, et opéra ensuite le retournement le plus spectaculaire, en 1944, combattant côté russe pendant près de sept mois.

La Roumanie du roi Carol II avait été la principale victime des réaménagements de l'Europe centrale survenus en 1938-1940. Cela débuta, lors du Pacte germano-soviétique, et en association avec cet accord, par la revendication de Molotov qui informa les Allemands qu'il entendait annexer non seulement la Bessarabie, mais aussi la Bukovine, que la Roumanie avait héritée de l'Autriche-Hongrie en 1918; en échange du désétablissement des cent mille Allemands de Bessarabie, Hitler accepta, Staline ayant limité sa revendication à la Bukovine orientale, majoritairement ukrainienne. Le roi céda sur avis des Allemands. Puis les Hongrois revendiquèrent une partie de Banat et, par l'arbitrage de Vienne, la Roumanie dut encore céder, de peur qu'en résistant l'URSS n'en profite pour accroître ses gains. Enfin, la Bulgarie obtint le sud de la Dobroudja, ce qui faisait que, au total, la Roumanie avait perdu le tiers de son territoire de 1918.

C'est alors qu'ayant ainsi imposé ces concessions au gouvernement roumain, et le roi ayant abdiqué, les puissances de l'Axe garantirent les frontières de cette Roumanie croupion, une forme d'arrêt à l'expansion soviétique, ce que Moscou prit très mal (octobre 1940).

Depuis l'abdication du roi Carol, le pouvoir était partagé entre le général Ion Antonescu et la Garde de fer, fasciste, dont le roi avait éliminé le chef, Codreanu, quelque temps plus tôt. Désormais appelée Légion de l'Archange Michel, la Garde de fer commença à massacrer des opposants, dont le célèbre historien Nicolae Iorga, ainsi

En août 1940, la Roumanie doit céder le nord de la Transylvanie à la Hongrie, appuyée par l'Allemagne. Sur cette photographie, la minorité allemande accueille par un salut hitlérien les soldats hongrois.
Ph © Coll. Viollet

Régent de Hongrie depuis 1920, l'amiral Horthy mène une politique de collaboration qui lui permet, à l'extérieur, d'acquérir des territoires, et à l'intérieur, de ne pas être débordé sur sa droite par les fascistes de Ferenc Szálasi. Mais préparant un retournement à l'approche des troupes russes début 1944, il est renversé par les Allemands qui envahissent la Hongrie et installent au pouvoir Szálasi, chef des Croix-Fléchées.
Ph © L'Illustration/Sygma

qu'à entreprendre des pogroms et à créer un climat de terreur contre la bourgeoisie. Antonescu décida de la briser et, à la suite d'une sanglante épreuve de force entre l'armée et la garde, finit par la supprimer (janvier 1941).

Les persécutions contre les Juifs cessèrent, le calme revint dans les villes, mais il fallait gagner la confiance des Allemands pour récupérer peu ou prou des provinces perdues ; à l'est, en entrant en guerre contre l'URSS ; à l'ouest, en collaborant plus que les Hongrois, pour récupérer la Transylvanie. L'effort de guerre fut considérable — trente divisions — et la Roumanie joua un rôle essentiel dans la conquête d'Odessa, puis du sud de l'Ukraine et de la Crimée : Hitler leur promit, en récompense, la région entre Dniestr et Bug, ou Transnistrie, en plus d'Odessa. A l'ouest, poursuivant son idée, Antonescu réussit à s'allier les Slovaques et les Croates, constituant ainsi une sorte de petite entente à l'intérieur du camp nazi, pour encercler les Hongrois et les contraindre à des concessions. Simultanément, Bucarest essayait de se rapprocher de Rome pour contrebalancer l'hégémonie hitlérienne.

La nature du double jeu roumain différait ainsi de celle de Pétain ou de Nedic. D'autant plus que, au sein du gouvernement, Ion Antonescu et Maniu avaient des sympathies occidentales ; ils auraient même été prêts à s'entendre avec les communistes, lorsque le poids de la guerre devint trop lourd et que Stalingrad eut sonné le glas des victoires allemandes, si ceux-ci leur avaient garanti le retour de la Bessarabie. Ce fut néanmoins Maniu qui négocia, avec l'aval du maréchal Antonescu, un retournement en faveur des Anglais — retournement le plus spectaculaire de toute l'histoire de la guerre. Suivant un bombardement de Bucarest par les Anglais, l'action du jeune roi Michel fut déterminante : après avoir régné sous le maréchal Antonescu, il le fit arrêter et demanda l'armistice aux Soviétiques. La Garde de fer constitua un contre-gouvernement Horia Sima qui fit appel aux Allemands, ce qui donna bonne conscience au roi, qui put ainsi déclarer la guerre à l'Allemagne et opérer un complet retournement des alliances, entre le 23 et le 25 août 1944. Celui-ci coûta cent cinquante mille morts, à ajouter aux cinq cent mille qui avaient combattu en Russie — les troupes roumaines jouant le principal rôle dans la libération de la Slovaquie. Michel fut décoré par Staline de l'ordre de la Victoire, et la Roumanie récupéra la Transylvanie perdue et une partie de la Dobroudja.

Le contraste Bulgarie-Hongrie

La collaboration du gouvernement bulgare fut très en retrait par rapport à celle des Roumains et des Hongrois. Certes, le roi Boris signa le Pacte tripartite en mars 1941 et il laissa passer les troupes qui envahirent la Grèce et la Yougoslavie, espérant grappiller un morceau de Thrace ou de Macédoine. Il déclara aussi la guerre aux Anglais, mais pas aux Russes, même s'il était antisoviétique, car les Bulgares se sentaient près des Russes, pas des Allemands. Toutefois, leur pression l'amena à apporter quelque aide aux forces de l'Axe, sans aller plus loin, comme l'aurait souhaité l'extrême droite. Le régime politique se durcit néanmoins, sous Gabrovski, et le général Lukov — qui préconisait l'entrée en guerre contre l'URSS — fut assassiné. On accusa les communistes, ce qui accrut la répression, notamment contre les Juifs qui eurent à connaître un Commissariat aux Affaires juives (printemps 1942). Après la mort du roi Boris en août 1943, les gouvernements furent de plus en plus favorables à la paix —

Le président bulgare Filov scelle l'adhésion de son pays au Pacte tripartite, le 1er mars 1941. La collaboration de la Bulgarie fut marquée par une certaine prudence qui lui permit, en 1944, de se retourner sans heurt en faveur des Alliés.
Ph © Lapi-Viollet

ils le dirent —, mais ne manifestèrent leur détermination qu'après le revirement roumain : un retournement tout en délicatesse qui s'accompagna du rappel que la Thrace et la Macédoine devaient rester bulgares.

En Hongrie, le régime conservateur de l'amiral Horthy était proche de la politique allemande avant même de collaborer : l'acquisition d'une partie de la Slovaquie en 1938, du nord de la Transylvanie lors de l'arbitrage de Vienne faisait de la Hongrie un client obligé de son puissant voisin. Or, les dirigeants de Budapest jugeaient équitables et normales ces acquisitions territoriales, ils en-

Fête donnée, en présence de l'amiral Horthy, à l'occasion du rattachement de la Transylvanie à la Hongrie, en août 1940. Cette acquisition fit de la Hongrie un client obligé de l'Allemagne nazie.
Ph © L'Illustration/Sygma

tendaient s'en tenir là, mais l'intervention allemande en Yougoslavie les obligea à laisser passer de bonne grâce sur leur territoire les forces de la Wehrmacht. Un marchandage qui conduisit au suicide du comte Teleki, responsable de la diplomatie. En outre, menacées par un fascisme populaire, celui des Croix-Fléchées (mouvement composé de catholiques intégristes et antisémites), les classes dirigeantes cherchaient un contrepoids libéral du côté des Anglais, et elles se sentaient prisonnières de cette politique trop bénéfique pour être honnête.

S'allier plus encore à l'Allemagne pour prévenir une prise de pouvoir par les fascistes fut la tactique adoptée par l'amiral Horthy et les officiers de l'armée demeurés germanophiles. En outre, ils jugeaient que si seule la Roumanie entrait en guerre contre l'URSS, il faudrait lui rétrocéder la Transylvanie.

Horthy voulut doser ses efforts et il n'envoya jamais plus de 150 000 hommes sur le front de l'Est: en 1942, ils devaient être taillés en pièces près de Voronej. Mais l'aide économique fut considérable. En outre, le régime de Horthy était fortement antisémite, avec des lois qui ne

LE CAS DE LA RÉPUBLIQUE DE SALÒ

Résurrection du régime fasciste après la libération de Mussolini par les parachutistes allemands, la République Sociale Italienne fut proclamée le 8 septembre 1943, soit six semaines après l'armistice conclu entre le maréchal Badoglio et les Anglo-Américains. Elle exista jusqu'au 25 avril 1945, date de l'insurrection de l'Italie du Nord et de la libération complète du pays.

Peut-on parler à son endroit de collaboration d'Etat satellite? De fait, comme les autres pays soumis à l'Allemagne, elle commença par perdre la province d'Udine, le Sud-Tyrol et la région de Trieste, qui furent annexés au Grand Reich et gouvernés par des administrateurs allemands. La République Sociale ne put pas non plus, telle la France de Pétain, avoir son siège dans la capitale, mais à Salò, sur le lac de Garde, alors que Rome ne fut occupée par les Alliés qu'en juin 1944. La comparaison avec le régime de Vichy n'a pas pour autant de sens, parce que l'expérience pétainiste se présenta comme une renaissance, alors que la République de Salò fut essentiellement une survivance.

La République de Salò n'en fut pas moins une réalité, d'abord parce qu'elle fut reconnue comme Etat par le Japon, la Slovaquie, la Roumanie et la Hongrie — mais pas par l'Espagne franquiste, ingrate envers Mussolini, qui signe ainsi, en septembre 1943, son retournement —, surtout parce qu'elle laissa une forte empreinte sur la partie du pays qu'elle gouverna effectivement, en l'occurrence la plus active et la plus peuplée. Fasciste, la République de Salò le fut plus encore que le régime tel qu'il avait évolué de 1922 à 1943. Elle se voulut pure et dure, débarrassée du monarque et aussi de tout compromis avec l'Eglise. Elle tenta ainsi d'effectuer un retour vers ses origines, sous l'égide de ses vieux leaders, comme Roberto Farinacci. Au procès de Vérone, mis en scène au début de l'année 1944 par Carlo Lizzani, tous les traîtres furent stigmatisés, et notamment les membres du Grand Conseil fasciste qui, dans la nuit du 25 juillet 1943, avaient voté contre Mussolini. Le comte Ciano fut exécuté. Sur le plan social, la R.S.I. essaya de mettre sur pied la cogestion des entreprises, mais la classe ouvrière y fut réticente: à cette date, elle était gagnée de cœur à la résistance et au parti communiste.

L'impuissance des fascistes italiens à se réaffirmer, dans un contexte de défaite générale, les conduisit à une exacerbation de la violence. Mais, habitués à en avoir le monopole, ils furent surpris de devoir faire face à une violence tout aussi déterminée, celle des antifascistes qui pouvaient prendre, enfin, une revanche sur leur défaite des années 1919-1922.

C'est ainsi qu'éclata la guerre civile italienne, qui se doubla d'une guerre patriotique — sauf que l'ennemi n'était pas le même —, tandis que la population, dans sa masse, la *tercera Italia*, attendait, meurtrie, la fin des combats. ■

*E*n 1942, un officier allemand annonce aux paysans d'un village ukrainien la restitution de leur église. En dépit des velléités modératrices d'Alfred Rosenberg, les Allemands n'ont guère cherché à exploiter les réflexes patriotiques et antisoviétiques de ceux que Hitler considère comme des Untermenschen *(des sous-hommes).*
Ph © L'Illustration/Sygma

devaient rien aux Allemands et dataient de 1939. De sorte que, parfaitement satisfait du régime Horthy, Hitler n'avait nul besoin des Croix-Fléchées de Szálasi.

Mais Horthy et son ministre Kallai étaient inquiets du cours que la guerre avait pris depuis Stalingrad; le souvenir de Béla Kun et de la Commune de Budapest, en 1918, faisait craindre l'irruption des troupes soviétiques et ce qui aurait pu suivre — car, en Hongrie, une relative liberté d'opinion avait pu survivre jusque-là, laissant divers courants, même antiallemands, s'exprimer; et, aussi violemment, existait la vieille haine des Russes. Kallai préparait un retournement à la Ciano, espérant un débarquement allié en Yougoslavie, quand Hitler, méfiant, fit pénétrer ses troupes en Hongrie, alors que les Soviétiques atteignaient la Bessarabie (février 1944): bref, les Allemands se comportaient avec Horthy comme avec Pétain en novembre 1942, mais un an plus tard. Un gouvernement Sztojay fut constitué, Hitler gardant en réserve les fascistes de Szálasi. En sous-main, Horthy négocia avec Rajk, un communiste, et, le 15 octobre 1944, il ordonna subitement de cesser le combat contre les Russes. Les fascistes de Szálasi se saisirent alors de la capitale, exécutèrent une partie de l'état-major et exercèrent des représailles contre les Juifs, ou plutôt contre

les survivants qui n'avaient pas encore été déportés ou massacrés. Horthy lui-même fut emmené en Allemagne — comme Pétain à Sigmaringen. Le général Miklos avait pris langue avec les socialistes, communistes et autres démocrates pour constituer un gouvernement que reconnut Moscou. Il fit la guerre à Szálasi, à qui s'était ralliée la majorité des militaires. Ainsi, après avoir traversé cinq années de guerre sans trop d'encombre, la Hongrie était devenue en cinq mois un champ de ruines, un camp d'horreurs.

Ukraine-Russie : patriotes et antibolcheviks

Enfin, en Ukraine, sous l'occupation allemande, il se constitua une armée insurrectionnelle, l'UPA (*Ukrainska Povlanska Armiia*), qui lutta pour l'indépendance dès 1942 et combattit encore bien après la capitulation de l'Allemagne... A l'origine conduite par Stepan Bandera, l'organisation nationaliste avait cru pouvoir compter sur la sollicitude des Allemands, mais au vu de leurs propres plans expansionnistes, ceux-ci ne reconnurent pas son existence, et l'UPA lutta ainsi successivement contre les Soviétiques, puis contre les Allemands dès février 1943, et à nouveau contre les Soviétiques ; une conjonction qui rappelait celle de 1918-1919, quand Makhno avait combattu tour à tour les Blancs puis les Rouges. Malgré Alfred Rosenberg, ministre pour les Territoires occupés de l'Est, les Allemands n'avaient pas su exploiter la situation ainsi créée en Ukraine. Hitler préféra suivre les avis de Koch qui voulait détruire une partie de la population ukrainienne, ces *Untermenschen* (sous-hommes) pour leur substituer des colons allemands. Et puis le racisme de Hitler lui interdisait de trop faire appel à des contingents militaires slaves : "Me voyez-vous obligé de décorer un de ces *Untermenschen* de la Croix de fer avec palme ?"

En collaborant avec les Allemands, en 1941 et 1942, les Ukrainiens obéissaient avant tout à une exigence d'ordre patriotique. Par contre, le Mouvement de Libération russe, animé par le général

Dans les territoires conquis à l'Est par les troupes allemandes, la répression des populations a été particulièrement atroce. Ici, des soldats de la Wehrmacht pendent des civils.
Ph © Lapi-Viollet

Ancien général soviétique, Andreï Vlassov se révolte en 1942 et appelle ses compatriotes à déserter l'Armée rouge pour lutter contre le régime communiste. Mais la tiédeur du soutien allemand fait échouer sa tentative de création d'un Comité de Libération des Peuples de Russie.
Ph © L'Illustration/Sygma

Vlassov, répondait à des motifs idéologiques, de lutte contre le bolchevisme ; son but : renverser le régime de Staline, rétablir les droits acquis en 1917. Ainsi naquit le Mouvement Vlassov qui donna de nombreux gages aux Allemands, en constituant par exemple avec des prisonniers ou des mercenaires des contingents qui furent envoyés à l'ouest, en France notamment. Mais l'idée d'aider au renversement de Staline grâce à un soulèvement ne fut prise en considération par les nazis qu'en septembre 1944, lorsque Himmler rencontra le général Vlassov. Un *Comité de Libération des Peuples de Russie* fut proclamé, à Prague... mais à cette date les armées soviétiques entraient en Roumanie et la Pologne était déjà à moitié entre leurs mains...

Un bilan des collaborations

Quelques traits permettent de faire le bilan des différentes collaborations pratiquées par les dirigeants des pays occupés ou satellites.

En premier lieu, on observe que, jusqu'à l'extrême fin de son règne, Hitler écarte du pouvoir les collaborateurs les plus fascistes, les plus proches de sa propre vision de l'histoire. Ainsi, en France, il rejette jusqu'à Sigmaringen même l'idée d'un gouvernement de Brinon-Déat-Doriot, à moins que ce ne soit Pétain qui le constitue. En Norvège, par contre, s'il accepte que Quisling se saisisse du pouvoir à la fin de la guerre, c'est parce que la résistance à l'Allemagne est tellement forte qu'aucun intercesseur ne joue le rôle d'un Nedic en Serbie. Il en va de même en Hongrie, où il laisse Szálasi prendre le pouvoir une fois seulement que Horthy s'est retiré de la guerre. Il manifeste la même réticence vis-à-vis des fascistes flamands ou hollandais.

Par ailleurs, deux ou trois critères permettent de mesurer le degré de participation de chaque type de collaboration à la construction d'une Europe nazie.

La livraison et la persécution des Juifs, d'abord, qui sont en corrélation avec la présence de courants antisémites avant la guerre : il n'y eut de résistance contre la politique juive de Hitler que dans les Etats où les mouvements fascistes sont demeurés sans influence notable (Hollande, Belgique, Bulgarie, Danemark). En Hongrie et en France, les premières mesures furent prises par des gouvernements qui, formellement, n'étaient pas fascistes, mais l'antisémitisme débordait largement les courants fascistes qui contribuèrent, avec les Allemands, à en durcir les traits. En ce qui concerne l'envoi de travailleurs en Allemagne, ce furent proportionnellement les Hollandais les plus nombreux à partir, puis les Belges, les Tchèques ; les Français ayant par contre fort peu répondu aux sollicitations, les prisonniers jouèrent le rôle des travailleurs.

De tous les pays qui collaborèrent avec l'Allemagne, ce fut la Roumanie qui fournit le plus gros effort de guerre ; les Hollandais qui envoyèrent le plus de Waffen SS ; mais l'effort de la France de Vichy dans la lutte contre les Alliés, s'il fut indirect — en Syrie, Afrique du Nord —, n'en fut pas moins significatif. Pétain propose ses services à Hitler après le débarquement de Dieppe en août 1942 ; il avait été près d'accepter son aide en Afrique noire quelques mois plus tôt. Paradoxalement, ce fut Laval qui s'y opposa. Seulement Vichy résista à toutes les pressions dès qu'il était question de déclarer la guerre aux Anglais ou aux Américains. Ce fut la seule ligne de fermeté du régime.

Après avoir principalement utilisé des travailleurs d'Europe de l'Est, les Allemands se tournent, en 1942, vers les pays occupés de l'Ouest, où ils font d'abord appel à des volontaires. Le chômage persistant de l'époque pousse plusieurs centaines de milliers d'ouvriers à partir. Proportionnellement à la population, les plus nombreux furent les Hollandais (passés ici en revue par des militaires allemands), les Belges et les Tchèques.
Ph © Coll. Viollet

Chapitre 8
LES ENJEUX
DE LA RÉSISTANCE

Un "syndrome" de la résistance

Dans bien des pays européens, l'appartenance à la Résistance est devenue un tel enjeu de pouvoir de l'immédiat après-guerre que son évaluation s'en est trouvée faussée. Comment mesurer les actions de la Résistance ?

A juste titre, on a parlé d'un syndrome de Vichy ; or, son envers existe aussi, un syndrome de la résistance, de la résistance intérieure il s'entend ; et dans plusieurs pays européens. En France, les résistants de l'intérieur ont d'abord été traités de terroristes par le régime de Vichy ; puis ils ont été les mal-aimés de la Libération, de Gaulle manifestant sa préférence pour la résistance militaire de l'extérieur, celle de Leclerc ou de Lattre, etc. ; à moins que les résistants n'aient été récupérés par le parti communiste, "le parti des 75 000 fusillés", ou encore jugés responsables des excès de l'épuration... Puis la légende de l'unité de la résistance a pris la relève, bientôt contestée, comme l'action des résistants eux-mêmes...

Le profil du syndrome est différent en Allemagne où, depuis la fin de la guerre, le nombre des résistants au nazisme croît de décennie en décennie, différent également en Italie où la résistance se réclame de la tradition antifasciste, d'elle seule, etc.

Or, dans bien des pays européens, l'appartenance à la Résistance est devenue un enjeu de pouvoir dès 1945, de sorte que la mesure des actions de résistance s'en est trouvée faussée.

On essaie ici d'en cerner les approches.

L'efficacité de la résistance

Le problème de la résistance intérieure peut être abordé de différents points de vue. Son efficacité d'abord. Par exemple, on sait que lorsque le général Patch débar-

Rome, septembre 1943 : l'armistice vient d'être signé avec les Alliés, tandis que la Wehrmacht avance sur la capitale, abandonnée à son sort par les autorités italiennes. Spontanément, des civils cherchent à s'opposer à l'entrée des troupes allemandes. C'est ce combat sans espoir d'individus, isolés mais déterminés, contre la Gestapo que retrace le film de Roberto Rossellini, *Rome, ville ouverte* (1945). Ici, Anna Magnani courant après l'homme qu'elle aime, arrêté ; et qui va tomber sous une rafale de mitraillette.
Ph © Coll. Cahiers du Cinéma

Le sabotage des ponts, routes et voies ferrées s'est avéré particulièrement efficace pour freiner convois et renforts allemands. Ici, la chaudière d'une locomotive, sabotée par des cheminots français du réseau Nord, a explosé.
Ph © Musée d'Histoire contemporaine-BDIC/Arch. Casterman

qua en Provence le 15 août 1944, ses plans prévoyaient l'occupation de Grenoble à D+90, c'est-à-dire en novembre. Or, Grenoble fut libérée à D+15, grâce, évidemment, à l'action des maquis de Provence et du Dauphiné qui coupèrent la route Napoléon, ce qui permit aux tanks US de se frayer une voie de Nice à Digne et Gap et amena les Allemands à reculer plus vite que prévu le long de la vallée du Rhône.

Toujours en France, la 11ᵉ *Panzerdivision* allemande mit trente-trois jours pour se rendre de Strasbourg à Caen, en juin 1944, alors qu'elle n'avait mis qu'une semaine pour revenir du front de l'Est et atteindre l'Alsace : cela était le résultat du sabotage des voies ferrées par les cheminots, des actions des résistants sur les routes, aussi. Mesurer l'efficacité des autres actions de la résistance intérieure n'est pas aisé : il faudrait évoquer le rôle du renseignement et toutes les formes de l'action non militaire, non violente — ces formes de résistance civile sans lesquelles, sans doute, rien d'efficace n'aurait pu être organisé contre l'occupant.

Il ne s'agit que d'exemples d'un catalogue, étant entendu que, à considérer toute l'Europe, la résistance yougoslave, en 1941, fut sans doute celle qui joua le plus grand rôle dans la lutte militaire contre les forces de l'Axe ; c'est elle qui, avec le recul de l'Histoire, contribua, directement et indirectement, le plus efficacement à la défaite de l'Axe.

L'entrée en résistance

Autre point de vue, pour étudier la résistance intérieure, celui de ses débuts (le problème particulier du Parti communiste français est abordé ailleurs). Les premiers à résister furent les Polonais, pas seulement parce qu'ils furent vaincus dès l'été 1939 (de fait, les Tchèques furent annexés auparavant), mais parce qu'une ancienne tradition les avait accoutumés à une résistance immédiate à l'occupation étrangère, qu'elle fût prussienne, autrichienne ou russe. Les premières exécutions de Polonais eurent lieu dès 1939 ; ensuite, la résistance, armée ou pas, fut constante, avec des hauts et des bas dus à la répression.

En France, par contre, le traumatisme de la défaite laissa abasourdis ceux qui, sur le territoire national, avaient pensé à résister. D'où le retentissement que put avoir la prise de position du général de Gaulle. Il n'y avait pas de précédent à un pareil désastre, et, indépendamment des choix idéologiques ou politiques, la défaite avait été tellement humiliante que cela fit croire que les effets d'une quelconque résistance seraient dérisoires. L'idée même que le pays pût aider à sa propre libération suscitait des sarcasmes : celle-ci ne pourrait venir que de l'extérieur. Longtemps, cela retarda la détermination de ceux qui voulaient agir contre l'occupant — Pétain condamnait les attentats et de Gaulle craignait qu'ils ne provoquent trop de représailles. Finalement, l'institution du Service du Travail obligatoire (STO) durant l'été 1942 fut le tournant qui amena les jeunes à entrer en résistance et à

Tito "mort ou vif". Cette affiche allemande de 1942 offre 100000 Reichsmark pour la capture du secrétaire du PC yougoslave. Soutenu par Churchill à partir de mai 1943, il mit sur pied la plus puissante force de résistance de l'Europe occupée. Après avoir libéré Belgrade avec l'Armée rouge le 19 octobre 1944, ses partisans achèvent seuls la libération de l'ouest du pays et précèdent les troupes alliées à Trieste, en avril 1945.
Ph © Keystone

donner un caractère de masse aux actions antiallemandes qui, jusque-là, étaient l'apanage d'organisations clandestines, au reste de plus en plus nombreuses.

En Italie, les actes de la résistance armée ne datent, certes, que de 1944, mais là où ils se trouvent, ces résistants sont bien les seuls à faire la guerre car, dans le Nord, à l'époque de la République de Salò, les Alliés ne sont pas encore là. Les résistants ont fixé huit divisions allemandes sur les vingt-six qui combattaient alors en Italie. On ignore volontiers que le Comité du Nord et son armée clandestine, en partie animée par les communistes de Luigi Longo, ont eu plus de morts dans les combats contre les Allemands que les armées italiennes en URSS ; on a voulu ignorer aussi que cette entrée tardive, après retournement, des Italiens dans la lutte contre le nazisme a été possible pour autant qu'un antifascisme clandestin avait pu survivre et servir de terreau aux actions de sabotage ou de guerre de la fin de 1944.

Autre considération — perdue de vue et mal comprise encore à ce jour —, la mesure du risque encouru par

les résistants à combattre l'occupant. En premier lieu, on répète volontiers que plus la défaite allemande parut vraisemblable, plus le désir de résister put s'accroître avec l'évolution de cette carte de guerre; c'est oublier que, parallèlement, les risques furent plus grands pour les résistants, car les réseaux de contrôle mis en place par les Allemands s'étaient resserrés : l'*Oberkommando der Wehrmacht*, la police, la Gestapo, etc. La fréquence des rafles, la dureté de la répression ne cessèrent de croître de 1942 à 1944, comme en témoignent, par exemple, le sort de Lidice, après l'attentat contre Heydrich, en Tchécoslovaquie, et celui réservé aux troupes italiennes après le retournement de l'automne 1943 : chaque ville italienne fut encerclée, ses voies de communication coupées, une atmosphère de terreur instantanément créée, les autorités locales contrôlées. Durant cette seconde partie de la guerre, les massacres commis lors du soulèvement du ghetto de Varsovie, de l'insurrection de cette ville, l'extermination des habitants d'Oradour-sur-Glane, des prisonniers et blessés du Vercors, etc., constituent des exemples qui témoignent d'un risque plus grand pour les résistants que pendant les premières années de l'occupation. En 1944, la répression à l'Ouest est aussi cruelle qu'à l'Est, alors qu'au début de la guerre, il n'en allait pas ainsi. En outre, les Allemands ne contrôlaient pas de la même façon les pays "amis et alliés" (Hongrie, Bulgarie, etc.), les alliés potentiels — dans leur esprit — (Hollandais, Danois, Norvégiens), les pays occupés (France, Belgique) et les ennemis déclarés (Pologne, Grèce, Yougoslavie). En 1943-1944, on assiste à une uniformisation de la répression — et des risques. De plus, simultanément, en Allemagne, les conflits d'autorité entre les différents organes de répression tournent à l'avantage de Himmler et de la SS, qui accordent les pleins pouvoirs à des institutions qui les recoupent transversalement, telle la section *IV B 4 a* de l'Office central de Sécurité du Reich chargé de la question juive, dirigé par le colonel Eichmann. Certes, des conflits de compétence continuent à opposer la police secrète, la police criminelle, etc., mais au total, et vu la menace qui désormais plane sur l'Etat hitlérien, les mesures d'extermination les plus cruelles, jadis réservées à la Russie et à la Biélorussie, aux pays Baltes, à la Pologne, atteignent

Le gouvernement Badoglio ayant signé l'armistice avec les Alliés le 2 septembre 1943, les Allemands envahissent aussitôt le territoire italien, où ils font prisonniers quelque 700 000 soldats. Mais ils vont se heurter à la résistance armée qui, en 1944, réussit à fixer huit divisions sur les vingt-six engagées dans la péninsule. Ici, un groupe de partisans à Florence.
Ph © Giulio Torrini-D.R.

désormais la France, les Pays-Bas et la Norvège. Le parcours des risques fut le même pour les résistants allemands, où l'Eglise évangélique, puis l'Eglise catholique jouent les premiers rôles, d'abord contre les mesures d'euthanasie appliquées aux handicapés, auxquelles Hitler donne l'ordre de mettre fin en août 1941, cédant à leur pression ; les mêmes mesures prises contre les Juifs ne suscitant pas une réaction aussi déterminée, même si les Eglises s'efforcent de faire baptiser de nombreux Juifs pour les sauver. Quant aux militants qui mènent une résistance contre le nazisme, ils se sont d'abord manifestés ouvertement derrière le général Beck qui, dès 1938, juge suicidaire pour l'Allemagne la politique menée par le Führer, puis par des tentatives d'assassinat de Hitler qui, après 1939, viennent toutes de l'armée et manifestent une impatience croissante, dès l'échec de la campagne de Russie — mais pas avant. Ces complots culminent avec la tentative manquée de von Stauffenberg le 20 juillet 1944 ; ils ont coûté cinq mille victimes, ce qui donne une mesure de la résistance à Hitler.

Depuis l'échec de la campagne de Russie, certains milieux militaires allemands manifestent une opposition croissante au Führer, qui culmine avec l'attentat manqué du colonel von Stauffenberg, le 20 juillet 1944. Dans son QG de Rastenburg, Hitler montre à Mussolini les dégâts causés par la bombe qui n'a fait que l'effleurer.
Ph © Keystone

Les formes de la résistance

On doit à Jacques Semelin d'avoir apporté un nouveau regard sur l'action antihitlérienne, antiallemande dans les pays occupés, en ayant su examiner les formes spécifiques de la résistance civile, en montrant comment elle a servi, ou non, de terreau aux différentes autres manifestations de la lutte contre l'occupant.

Les formes de cette résistance peuvent être élémentaires et spontanées, telle la réaction des Danois qui vidaient leur chope de bière et quittaient le café dès qu'un officier allemand y entrait. Exemples plus élaborés, le refus des évêques et enseignants norvégiens de se laisser enrégimenter, les manifestations commémoratives spontanées à Prague, le 28 octobre, date de l'indépendance, par des étudiants et lycéens ; importante, aussi, la constitution d'une société parallèle souterraine en Pologne, qui éduque les jeunes depuis que les Allemands ont dépolonisé le pays pour le germaniser.

Enfin, l'une des actions de résistance civile collective des plus élaborées, commise avec la complicité de tous, fut bien, au Danemark, cette mobilisation de la population pour une œuvre de sauvetage exemplaire : le transfert

vers la Suède des Juifs de Copenhague (octobre 1943). Précisément, ce cas permet de tenir compte d'une variable essentielle — qui s'ajoute à la spécificité de la politique de l'occupant dans chaque pays —, l'attitude des responsables installés ou placés à la tête des Etats satellisés. L'important est de ne pas fournir à l'occupant matière à légitimation ; or, la France de Vichy est la plus mal sortie de cette passe d'armes, elle s'est laissé "aliéner". L'autre variable, révélée par l'exemple danois — par d'autres, également —, est bien le degré de cohésion sociale qui existe dans le pays. Ainsi, les Néerlandais furent, certes, les plus nombreux à entrer dans la *Waffen SS* ou à aller travailler en Allemagne — eu égard à l'importance de la population —, mais cela ne détruisit pas la cohésion du pays, irréversiblement hostile à l'occupant. Proportionnellement, il y eut moins de vrais collaborateurs en France, mais beaucoup plus de profiteurs ; or, cela n'empêche pas le pays d'être secoué par le comportement du régime et de se fissurer au point qu'en 1944, la guerre civile explosait de partout — résultat de la politique ambiguë de Pétain.

LES ENJEUX DE LA RÉSISTANCE

En France, l'institution du STO à l'été 1942 incita beaucoup de jeunes à rejoindre les maquis. Les actions de résistance, jusque-là l'apanage des organisations clandestines, prennent alors un caractère de masse. Ici, une manifestation populaire à Romans contre le départ de jeunes au travail obligatoire en Allemagne.
Ph © Journal L'Humanité

La résistance non armée, prémices d'une action plus violente quelquefois, est surtout un révélateur de l'état réel de l'opinion publique — sans doute plus que l'éditorial des journaux qui, néanmoins, contribuent à sa constitution. Elle prend différentes formes. Il y a d'abord les manifestations qui mobilisent la population — ces Norvégiens qui s'accrochent une fleur à leur vêtement le 3 août 1942, jour anniversaire du roi Haakon, le 11 novembre en Belgique et en France, le 14 juillet 1942, le "rendez-nous nos maris" des cinq à six cents femmes allemandes protestant à Berlin contre l'arrestation de leurs époux juifs (en mars 1943), etc. Plus organisées que ces manifestations souvent spontanées, il y a les grandes grèves qui se localisent toutes dans l'Europe du Nord-Ouest : Pays-Bas en février 1941, Belgique en mai 1941, France en mai-juin 1941 et octobre 1942, Luxembourg en octobre-novembre 1942, Danemark en août 1943, etc. La désobéissance civile de masse, tel le refus du Service du Travail obligatoire, constitue une forme plus générale de résistance ; est plus élaboré le mouvement professionnel des médecins hollandais qui refusent la fascisation de leur syndicat, démissionnent un par un et en créent un autre, clandestin ; également le mouvement des enseignants norvégiens qui signent, à 90 % d'entre eux, une pétition pour refuser d'adhérer à l'organisation de jeunesse *Nasjonal Samling* de Quisling, etc. A un autre niveau, enfin, l'ordonnance d'une résistance institutionnelle, en Norvège notamment, où la Cour suprême démissionne après la prise du pouvoir par Quisling, puis l'Eglise établie à son tour. Cette résistance peut se traduire par des protestations officielles, notamment devant le sort réservé aux Juifs : les Eglises allemande, hollandaise, française, bulgare, belge en font la démonstration la plus spectaculaire. Enfin, il se peut que l'Etat lui-même, quelles que soient ses options, passe à une action explicite de non-coopération limitée, même dans les pays alliés de l'Axe : Finlande, Roumanie, Hongrie, Italie. Dans ce panorama européen, le comportement de Vichy apparaît le plus proche des vues de l'occupant — même si l'administration n'a pas suivi partout... Mais, souvent, elle a manifesté du zèle, et Hitler s'est félicité de celui de la police française.

Aux confins du Vercors, un chasseur alpin résistant emmené par trois miliciens en 1943.
Ph © Harlingue-Viollet

Résistance et mémoire

Une autre manière d'évaluer l'action de la Résistance, sa nature, pourrait être de vérifier ce que sont devenus les résistants, après guerre, et d'apprécier quels étaient les objectifs des organisations auxquelles ils appartenaient, volontairement ou pas. Ce dernier point est important car, en France par exemple, l'état de surveillance du pays, de ses routes, pouvait conduire un réfractaire du STO dans un maquis FFI (*Forces françaises de l'intérieur*, contrôlées par de Gaulle) ou FTP (*Francs-Tireurs et Partisans*, d'obédience communiste), sans que cela implique de sa part le moindre choix politique. Or, à la Libération, les différentes organisations résistantes, en France comme en Pologne ou en Italie ou ailleurs, les ont récupérés et, en leur nom, se sont livré des combats pour le pouvoir qui sortent du cadre des engagements initiaux de leurs membres. L'histoire de la résistance est ainsi devenue l'histoire de ses organisations, et il a fallu attendre plusieurs décennies pour que s'exprime la mémoire des résistants. Pour autant qu'elle pouvait contredire l'histoire officielle des organisations, cela a affaibli la crédibilité des acteurs, quels qu'ils fussent — un autre aspect du syndrome dont le roman et le film se sont emparés pour renvoyer dos à dos résistants et collaborateurs.

Le souvenir qu'a laissé la résistance demeure quelquefois plus fort que la vérité historique, parce qu'il a sécrété des œuvres d'art, dont la beauté est éternelle. Leur contenu n'en est pas moins révélateur.

Au plus proche de l'époque, du témoignage, trois chefs-d'œuvre dépassent tous les autres. *Kanal*, d'abord, de Wajda, *Le Silence de la mer*, de Melville, d'après le texte de Vercors, *Rome, ville ouverte*, de Rossellini. Dans *Kanal* est évoquée l'insurrection de Varsovie en septembre 1944, où quelques combattants, cernés, se réfugient dans les égouts et tentent de fuir... mais où ? La liberté pourrait venir de l'Est d'où l'on entend, au loin, le canon des armées soviétiques qui progressent. Puis, duplicité ou ignorance du sort tragique des combattants polonais, subitement le canon russe se tait, abandonnant les malheureux à leur destin. Ce silence, que la censure ne put pas couper..., est le plus lourd parmi les souvenirs des insurgés que sciemment les Soviétiques laissèrent ainsi mourir. Encore un silence, celui que Vercors et Melville

Après des années d'humiliations et de compromis, la résistance est un acte moral avant tout. C'est la leçon donnée par Le Silence de la mer *(1947-48), film de Jean-Pierre Melville d'après le roman de Vercors, publié clandestinement pendant la guerre.*
Ph © Coll. Cahiers du Cinéma

ont restitué dans *Le Silence de la mer*: aux séductions d'un Allemand, francophone et francophile, mais vainqueur et occupant, pourtant digne et humain, le patriote répond par le silence, le silence grondant de la mer. Que la résistance ait bien été un acte moral avant tout, c'est aussi la leçon de *Rome, ville ouverte*, le plus pathétique des films réalistes sur la résistance et aussi la description la plus juste de la manière dont Allemands et résistants s'affrontent. Ceux-ci apparaissent démunis, sans objectifs précis, mais combien déterminés et pitoyables face à la machine de guerre affinée, efficace, intraitable et combien inhumaine de la Wehrmacht et de la Gestapo. Seuls, ces résistants sont vaincus d'avance, et il est clair que la libération ne peut venir que des armées alliées... Mais ce prêtre, ce militant, ces hommes et ces femmes luttent quand même, un sacrifice qui a toutes les allures d'un rachat...

Oui, ce fut bien un rachat pour beaucoup, en Italie comme en France ou ailleurs, cette action de résistance après tant d'années d'humiliations et de compromis.

Chapitre 9
L'EXTERMINATION DES JUIFS : QUI SAVAIT — ET QUOI ?

F̲A̲C̲E̲ ̲A̲U̲ ̲T̲R̲A̲U̲M̲A̲T̲I̲S̲M̲E̲ ̲D̲U̲ ̲G̲É̲N̲O̲C̲I̲D̲E̲ ̲E̲T̲ ̲À̲ ̲L̲'̲A̲F̲F̲L̲U̲X̲ ̲D̲'̲I̲N̲F̲O̲R̲M̲A̲-̲T̲I̲O̲N̲S̲ ̲Q̲U̲I̲ ̲L̲'̲E̲N̲T̲O̲U̲R̲E̲ ̲D̲E̲P̲U̲I̲S̲ ̲1̲9̲4̲5̲,̲ ̲I̲L̲ ̲S̲E̲M̲B̲L̲E̲ ̲A̲U̲J̲O̲U̲R̲D̲'̲H̲U̲I̲ ̲I̲M̲P̲E̲N̲-̲S̲A̲B̲L̲E̲ ̲Q̲U̲E̲ ̲P̲E̲R̲S̲O̲N̲N̲E̲,̲ ̲E̲N̲ ̲D̲E̲H̲O̲R̲S̲ ̲D̲E̲S̲ ̲R̲E̲S̲P̲O̲N̲S̲A̲B̲L̲E̲S̲ ̲D̲I̲R̲E̲C̲T̲S̲,̲ ̲N̲'̲A̲I̲T̲ ̲R̲I̲E̲N̲ ̲"̲S̲U̲"̲,̲ ̲À̲ ̲L̲'̲É̲P̲O̲Q̲U̲E̲,̲ ̲D̲U̲ ̲D̲R̲A̲M̲E̲ ̲Q̲U̲I̲ ̲S̲E̲ ̲N̲O̲U̲A̲I̲T̲.̲

Une des données qui obscurcissent le problème de l'extermination des Juifs, du moins aujourd'hui, est sans doute la multiplication des foyers qui sécrètent l'information sur l'histoire. En juillet 1992, par exemple, un organe de la presse anglaise annonçait qu'il publierait — comme s'il s'agissait d'un inédit — l'intégralité du Journal intime de Joseph Goebbels que, pour l'essentiel, tous les historiens connaissent. Il présentait cette "découverte" comme un scoop livré par les archives soviétiques enfin ouvertes... Or, pour tout commentaire, l'historien qui devait les publier déclarait à la télévision que, dans ce texte, il n'était écrit nulle part que Hitler avait ordonné l'extermination des Juifs. Interrogé sur l'existence des chambres à gaz, ce même historien répondait qu'elles n'avaient jamais existé. La télévision française a retransmis cette interview, ces propos-là seulement, ajoutant qu'il s'agissait d'un historien révisionniste. Elle ne précisait pas qu'on appelle révisionnistes ceux qui mettent en doute le caractère systématique de l'élimination des Juifs. Qui peut dire l'effet d'informations présentées de cette façon ?

Ce cas ne fait que reproduire celui des "inédits" de Hitler que le Spiegel devait publier il y a quelques années ; or il s'agissait d'un faux, ce qui n'avait pas empêché "l'expert", révisionniste lui aussi, d'affirmer que dans ces textes, il n'était pas question de chambres à gaz.

Ainsi, voilà deux informations largement reproduites par les médias et qui laissent un doute sur la fiabilité de la documentation concernant ces problèmes ; tout comme

*A Paris, le 17 juillet 1942, 12 884 personnes sont arrêtées, femmes et enfants en majorité, et transportées en autobus au Vélodrome d'Hiver. De là, on les emmène au camp de Pithiviers, puis de Drancy, dernière halte avant Auschwitz. Effectuée en zone occupée par la police française, cette rafle est l'un des épisodes les plus dramatiques de la collaboration : il renvoie à l'antisémitisme profond des autorités de Vichy et à leur volonté de garder le contrôle de l'administration en effectuant elles-mêmes les arrestations.
Ph © BHVP/Keystone*

> "Dès que j'aurai le pouvoir, je ferai construire potence après potence, par exemple à Munich sur la Marienplatz. Alors les Juifs seront pendus l'un après l'autre… jusqu'à ce que l'Allemagne soit débarrassée des Juifs."
>
> Adolf Hitler, 1922

laissent un doute les conclusions de tel ou tel tribunal, en France cette fois, qui tantôt déboute les révisionnistes, tantôt fait bénéficier d'un non-lieu ceux qui ont participé à la déportation des victimes. Ces informations-là ont droit à la "une" des journaux, de la presse écrite ou télévisuelle. Mais qu'un colloque traite de la réalité de l'extermination, il n'en est rendu compte qu'après avoir inventorié les différents points de vue exprimés ; ou, plusieurs années après, à la publication du colloque dans la rubrique des livres. L'effet en est neutralisé… Ainsi, il a fallu attendre le cinquantième anniversaire de la rafle du Vélodrome d'Hiver pour que, en France, les journaux et la politique abordent ce problème de front ; à partir de l'exigence des victimes ou, qui plus est, de ceux qui leur sont solidaires.

Un deuxième trait rend compte de la difficulté à saisir la réalité de ce qui s'est passé. Pour la majorité d'entre les victimes, la conscience de leur identité s'est modifiée en cinquante ans. Aujourd'hui, avec l'existence de l'Etat d'Israël, la renaissance des croyances religieuses, et aussi avec la remise en mémoire de l'holocauste, l'identité juive d'une partie de ces victimes s'est ravivée, quand elle n'a pas pris le dessus sur d'autres traits de leur citoyenneté. Etait-ce le cas durant les années quarante ? La formulation actuelle du génocide, de la déportation ignore souvent la distinction entre Français et étrangers qui étaient à la fois le fondement de la politique de Vichy et l'expression de l'identité vécue de ses victimes. Durant les années quarante, un bon nombre de ces Français, que les nazis et Vichy ont définis comme Juifs, ne se sentaient pas tels, regardant la religion israélite, que beaucoup ne pratiquaient pas, comme une sorte d'archaïsme en voie de disparition. Les citoyens ne considéraient certainement pas qu'ils appartenaient à un ensemble juif, même si pour ces laïcs un sentiment de solidarité existait vis-à-vis de leurs "coreligionnaires" étrangers victimes du régime nazi. Ils rejetaient même l'idée qu'ils pussent appartenir à la même communauté que ces immigrés venus de Pologne ou d'Allemagne. Depuis la guerre, l'opinion d'un grand nombre d'entre eux a varié. Et ce changement dans la perception de leur propre identité a déterminé une révision des souvenirs de cette époque. Un trait qui n'est pas particulier aux victimes des déportations. L'histoire de ces dernières décennies abonde en exemples de ces évolutions.

Une troisième donnée contribue également à obscurcir le problème de savoir qui, exactement, avait connaissance du sort ultime des déportés, et quel était ce sort. Cette donnée découle de la précédente. A mesure, en effet, que depuis une vingtaine d'années, chez les survivants ou parents des victimes, l'identité juive prend le pas sur les autres — au moins dans la revendication que la lumière soit faite sur l'époque de Vichy et la responsabilité de chacun dans le drame qui a suivi —, on voit se multiplier les écrits et témoignages sur cette époque et sur la déportation. Entre 1945 et 1948, il avait été écrit toute une vague de témoignages et récits. Annette Wieviorka en comptabilise près de cent cinquante ; ensuite, cette famille de textes s'est tarie presque complètement pour se multiplier à nouveau depuis une douzaine d'années, et en vitesse croissante : près d'une centaine entre 1987 et 1991. Ce flux

Dès que les traces du génocide ont commencé à être recouvertes, négationnistes et révisionnistes se sont employés à nier l'existence des chambres à gaz. Bien que les preuves matérielles de leur existence abondent, ils la nient, parce que seuls les nazis ont exterminé de cette façon des masses humaines et que les fours crématoires constituent une des marques de la spécificité du génocide nazi, sa signature en quelque sorte. Ici, les fours crématoires de Buchenwald.
Ph © SAN-Viollet

multiplie les informations, ce qui a pour effet indirect de rendre peu plausible le témoignage de ceux qui ont pu déclarer qu'entre 1940 et 1945, "on ne savait rien".

Se demander si c'est la croyance d'hier — on savait peu de chose — ou celle d'aujourd'hui — ils savaient tout — qui est juste est ainsi une vraie question.

Autre conséquence de l'afflux d'informations : depuis la "percée" historique faite par Robert Paxton en 1973, on

insiste sur la responsabilité des autorités françaises dans la déportation plus que sur les exigences des Allemands, sur la pression qu'ils ont exercée. A contrario, on rappelle moins fortement qu'en "zone libre", même après novembre 1942 quand elle fut occupée par les Allemands, le régime de Vichy a refusé de faire porter l'étoile jaune aux Juifs, qu'ils fussent étrangers ou français ; ou encore que, s'il est responsable de l'arrestation de Juifs français en zone occupée — et vingt mille ne sont jamais revenus —, les quatre-vingt mille autres Français définis comme Juifs ont été sauvés grâce à l'existence du régime de Vichy et de la zone libre — à quel prix, on verra plus loin.

La responsabilité du génocide a aussi dérivé, en partie, des Allemands vers Vichy, comme on peut juger par le parcours, emblématique, du titre d'un livre de Georges Wellers. En 1946, l'auteur, qui avait vécu en zone occupée, avait choisi : De Drancy à Auschwitz *(éditions du Centre)*; *en 1973, Fayard republie le livre, complété, avec le titre* L'Etoile jaune à l'heure de Vichy. De Drancy à Auschwitz *; ce même livre est réédité en 1991, aux éditions Tirésias-Michel Reynaud, avec le titre* Un Juif sous Vichy, *ce qui est contestable puisque Georges Wellers ne fut jamais en zone libre.*

La force de ces dérives rend difficile un diagnostic sur la question qui a été posée.

Un bilan difficile à établir : les responsabilités

Etablir le bilan exact de l'extermination des Juifs, par les gaz ou autrement, n'est pas aisé, car le comptage des déportations dans les camps de la mort prête à des dénombrements multiples et méticuleux. Ces comptages sont incomplets, car il y eut des survivants parmi les déportés ; en outre, les statistiques concernant les exécutions portent essentiellement sur les pays Baltes, la Russie blanche, l'Ukraine et la Russie ; l'incertitude la plus grande règne enfin sur le nombre de décès dus aux privations — au ghetto de Varsovie, en Bohême-Moravie, etc. ; au total, les estimations varient entre cinq et six millions de victimes ; sans compter celles qui n'ont guère survécu à leurs épreuves. Ce total corrobore à peu près un propos qu'Adolf Eichmann avait tenu au Dr Wilhelm Höttl, en août 1944, et selon lequel six millions de Juifs environ avaient été tués, dont quatre millions dans les camps et deux par d'autres moyens.

Les "négationnistes" sont apparus dès que certaines traces du génocide ont été recouvertes, commençant par nier l'existence de certaines chambres à gaz. Bien que les preuves matérielles de leur existence abondent, sans parler des témoignages, ils continuent à nier parce que seuls les nazis ont exterminé de cette façon des masses humaines, et que les fours crématoires constituent ainsi une des marques de la spécificité du génocide nazi, sa

Le 20 janvier 1942, la conférence de Wannsee met au point le regroupement de tous les Juifs européens et les procédures de leur extermination. A partir de l'été 1942 arrivent au camp d'Auschwitz jusqu'à quatre trains par jour. Dès leur arrivée, une première sélection sépare les plus valides, bons pour le travail, de ceux qui seront directement envoyés dans les chambres à gaz.
Ph © Centre de Documentation juive contemporaine/Arch. Casterman

---

Note : Négationnistes et révisionnistes confondus proviennent de deux familles idéologiques bien différentes. L'extrême droite juge que l'extermination, pour autant qu'elle a eu lieu, n'est qu'un "détail" dans l'histoire de la Seconde Guerre mondiale ; l'ultra-gauche antisioniste, qui juge qu'Israël est un produit de l'impérialisme américain, estime que le génocide est un effet de propagande destiné à légitimer l'existence de l'Etat d'Israël, aux dépens des Palestiniens colonisés. Il existe une troisième famille de révisionnistes, non négationnistes. Elle est solidaire de ces deux-là, disant qu'aucun tabou ne doit obscurcir les travaux sur le pseudo-génocide ; ce qui est aussi une manière de le mettre en doute.

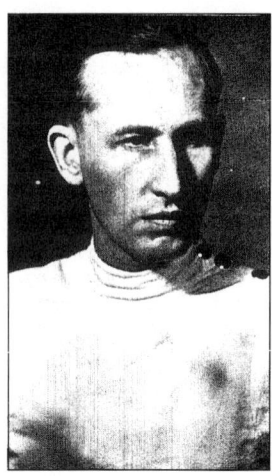

Des responsabilités bien établies : hormis Hitler, Reinhardt Heydrich, chef de l'Office central de sécurité du Reich, et Heinrich Himmler, chef de la police puis ministre de l'Intérieur à partir de 1943, sont à l'origine des deux procédures d'extermination décidées à Wannsee — exécution à l'Est, mesures "spéciales" à l'Ouest. Ph © Coll. Viollet et Lapi-Viollet

signature en quelque sorte ; alors que les camps de concentration, mortels eux aussi pour les victimes, existent ailleurs que dans le Reich allemand, en URSS notamment à l'époque du goulag, ce qui, s'il n'y avait pas de chambres à gaz, permettrait de relativiser le crime commis par les nazis et autoriserait une révision du jugement que l'histoire porte sur le régime et la population — indépendamment des arguments concernant le nombre exact des victimes, toujours objet à réévaluation.

La spécificité du mode d'extermination constitue le premier volet du débat soulevé par les révisionnistes ; la préméditation du génocide en est le second. Hitler avait évoqué l'élimination des Juifs dès 1922 : "Dès que j'aurai le pouvoir, je ferai construire potence après potence, par exemple à Munich sur la Marienplatz. Alors les Juifs seront pendus l'un après l'autre... un autre groupe suivra... jusqu'à ce que l'Allemagne soit débarrassée des Juifs." Aussi a-t-on pu penser que, le moment opportun venu, il ait mise en pratique. L'absence d'ordre explicite, par Hitler, ou d'allusion à un tel ordre, par Goebbels et d'autres, a autorisé certains révisionnistes à juger que le génocide était seulement le fait des circonstances, puisque, auparavant, avant de les exterminer, les nazis voulaient parquer les Juifs, hypothèse à laquelle croyaient beaucoup de gens. Aux "intentionnalistes" qui scrutent les intentions des dirigeants s'opposent les "fonctionnalistes" qui associent le génocide à la *nécessité* d'exécuter les Juifs, fin 1942-début 1943 : ces derniers considèrent que, faute de territoire à leur destiner à l'Est, la Campagne de Russie n'ayant pas abouti, il a fallu s'en débarrasser — les communistes soviétiques juifs et les Juifs non communistes des pays Baltes et d'URSS en tête — au moyen d'exécutions sommaires effectuées par les *Einsatzgruppen* ; puis l'idée de les exterminer tous fit son chemin, l'"Internationale juive" et l'"Internationale communiste" s'étant donné la main : ainsi le nazisme "aurait débarrassé le monde des Juifs", à défaut d'avoir écrasé les Anglo-Saxons ou les Russes. Gérée par Heydrich, la Conférence de Wannsee (janvier 1942) mit au point le regroupement de tous les Juifs européens et les procédures de leur extermination, alors que l'exécution de tous les Juifs d'URSS avait été décidée dès l'été 1941. Ainsi, le génocide aurait été perpétré à partir de deux dispositifs : l'exécution, à l'Est ; l'extermination par des mesures "spéciales", ailleurs. Les preuves abondent que Heydrich, Himmler et Hitler étaient à l'origine de ces mesures, même s'il n'existe pas d'ordre écrit explicite de procéder à ces deux formes d'extermination massive.

En effet, il n'existait pas en Allemagne — comme à Vichy — de Commissariat centralisé aux affaires juives, même si les SS et la Gestapo ont joué un rôle particulier dans le génocide. "C'est bien toute la société allemande, avec son organisation, ses ministères des Forces armées, les rouages du Parti et l'industrie, qui a constitué la machine de destruction" (R. Hilberg). La liquidation des Juifs a été le résultat d'une multitude de mesures prises séparément, et tellement ramifiées que chacune, isolément, apparaissait comme partie d'une chaîne de montage,

De trois à quatre cent mille personnes ont directement participé aux exécutions et aux massacres dans les camps — ici, le procès des gardes du camp de Belsen, en septembre 1945. Mais tous les autres, fonctionnaires, juristes, policiers ou cheminots qui convoyaient les victimes, pouvaient-ils ignorer ce qui se passait ? Même si elle n'est pas "intentionnelle", la part de cette responsabilité-là n'a jamais été soulevée.
Ph © Coll. Viollet

> "*C'est bien toute la société allemande, avec son organisation, ses ministères des Forces armées, les rouages du Parti et l'industrie, qui a contribué à la machine de destruction.*"
>
> Raul Hilberg

dont chacun pouvait ignorer, ou vouloir ignorer, l'objectif. Ainsi, la *Reichsbahn* (les chemins de fer allemands) qui transportait les Juifs pris en charge par la Police de sécurité vers les camps, ou bien ces usines chimiques qui fabriquaient le zyklon, etc. On pourrait multiplier les exemples de ces serviteurs dociles, depuis les fonctionnaires des Finances chargés de réaffecter les pensions naguère versées aux Juifs anciens combattants, jusqu'aux juristes qui définissaient quels descendants de mariages mixtes devaient être considérés comme juifs ou non.

La part de responsabilité de ces cheminots, juristes, fonctionnaires, policiers, etc., n'a jamais été vraiment soulevée, même si elle n'est pas "intentionnelle".

Il reste que la *Gestapo* qui a orchestré les massacres comptait cinquante mille hommes, et on peut estimer à cent mille le *Schuma*, le personnel local en URSS occupée, et à deux cent cinquante mille hommes la police traditionnelle ; sans parler de ces milliers de cheminots qui savaient parfaitement quelles victimes figuraient dans leurs convois... On aimerait savoir s'il en fut, parmi les uns ou les autres, qui, en Allemagne, par humanité, accomplirent tel ou tel geste en faveur de ces femmes, enfants, vieillards pour les sauver de leur tragique destin...

Sans doute peut-on juger que, à part les trois ou quatre cent mille personnes directement concernées par les exécutions, l'organisation des massacres, la conduite des victimes dans les camps ou à la chambre à gaz, les autres pouvaient simuler l'ignorance de leur sort, voire l'ignorer vraiment, car le secret et le black-out étaient absolus sur la finalité de ces opérations.

Le trait important est bien, sans doute, le contraste entre, d'une part, ce secret — chaque agent du processus ignorant ce que faisait l'autre, et à quelles fins — et le discours public d'anéantissement que Hitler et ses séides ont proféré : élimination des Juifs, règlement de comptes définitif, etc.

L'exception italienne et danoise

L'Italie et le Danemark fournissent deux exemples de civisme humanitaire, dans un pays allié de l'Allemagne nazie et dans un autre, occupé.

Dans l'esprit des démocraties, l'Italie est associée à l'Allemagne, par les traités, par l'idéologie aussi. Au reste,

le fascisme italien a sécrété son propre racisme à l'encontre des peuples soumis, en Afrique orientale surtout. Mais ni Mussolini ni le régime n'étaient antisémites, même si le parti avait Preciozi et Malaparte dans ses rangs. Au contraire, Mussolini condamna à plusieurs reprises l'antisémitisme, celui des nazis en particulier. D'ailleurs, le parti fasciste comptait de nombreux Israélites qui, lors de la conquête de l'Ethiopie, la fêtèrent dans les synagogues. Le tournant eut lieu en 1937, quand l'Axe avec Hitler fut scellé et qu'à Tripoli, Mussolini brandit l'épée de l'Islam. Il élabora alors une politique antisémite en conformité avec ces alliances-là. Au reste, les lois instituées contre les Juifs furent peu et mal appliquées. Mais les Juifs n'en furent pas moins, officiellement, des citoyens aux droits réduits, exclus des hautes charges de l'enseignement, du barreau, etc. Comme l'administration multipliait les exemptions, en 1943, Ribbentrop fit connaître à Mussolini sa réprobation devant un tel laxisme, sans effet notable. Dans la zone italienne de la France occupée, les Juifs trouvaient souvent refuge, à Grenoble comme à Nice, auprès des *carabinieri*, pour échapper à la police de Vichy. Les victimes furent prises au piège lorsque les Allemands occupèrent brutalement cette zone, après la chute de Mussolini, en septembre 1943. En Italie même,

Dès l'occupation de la Pologne, les 3 250 000 Juifs du pays sont traqués et parqués dans des ghettos comme celui de Varsovie, dont les Allemands entreprennent la liquidation en avril 1943. Mais pour la première fois, plusieurs centaines de combattants vont y résister pendant trois semaines. Le "nettoyage" achevé, 7 000 personnes seront abattues, 22 000 déportées à Treblinka.
Ph © Secrétariat d'Etat aux Anciens Combattants/Arch. Casterman

lors de la création de la République de Salò, Himmler réussit à imposer la Solution finale aux Juifs italiens de la région contrôlée par la république croupion, et huit mille d'entre eux furent déportés.

Au Danemark, la résistance du roi et de la population aux mesures antisémites fut exemplaire. La police préféra se faire interner elle-même au camp de Theresienstadt, où elle périt, plutôt que de livrer les Juifs qui n'avaient pas encore pu être évacués secrètement en Suède, sous l'égide du roi du Danemark et de son administration. On observe que la Wehrmacht, témoin de cette évacuation nocturne de sept mille Juifs, ferma les yeux...

Ce n'est pas cet exemple qu'imitèrent les autorités françaises. Il est vrai qu'aucune parole venue d'en haut — tel le comportement du roi du Danemark ou de la reine de Belgique qui adressa un message de sympathie aux persécutés — n'aida les Français à prendre conscience du drame. Quand ils réagirent, ce fut spontanément ou grâce à leurs prêtres.

Le cas français

En France, la presse antisémite s'était largement fait l'écho de la campagne d'extermination prononcée par Hitler. "Il faut exterminer les Juifs fossoyeurs de la France", écrivait *Au pilori*, le 14 mars 1941. "Nous savons que le règne du Juif va prendre fin... La race juive est sur le point de disparaître de façon absolue" (*Au pilori*, du 16 juillet 1942). Acte de foi, si l'on ose dire, ou connaissance du génocide ? Le 7 décembre 1941, quand les massacres ont commencé, mais à l'Est seulement, Louis-Ferdinand Céline — que l'ordre littéraire admire tant, en France — réclamait à Ernst Jünger une extermination effective : "Il me dit combien il était surpris, stupéfait, que nous, soldats, nous ne fusillions pas, nous ne pendions pas, n'exterminions pas les Juifs."

Est-ce à dire que Céline, à cette date, n'était pas informé ? Mais ensuite ? Que savait-on, en France, du sort des Juifs qui étaient déportés ?

Il convient d'abord de cerner ce que savaient exactement les dirigeants et responsables, les victimes ensuite, ceux de nationalité française et les autres.

Sur le gouvernement de Vichy, son antisémitisme d'origine, quelques certitudes sont désormais bien établies.

> "*Nous savons que le règne du Juif va prendre fin... La race juive est sur le point de disparaître de façon absolue.*"
>
> *Au pilori*, 16 juillet 1942

Paris, rue des Rosiers, été 1942. Depuis le mois de mai, les Allemands obligent les Juifs à porter l'étoile jaune. Le refus des autorités de Vichy d'appliquer cette mesure en zone libre tient au distinguo qu'elles établissent entre Juifs "français" et Juifs "étrangers". Dans un premier temps, elles protègent les premiers et livrent sans sourciller les seconds aux Allemands.
Ph © BHVP/Keystone

De sa propre initiative, il édicte un statut des Juifs dès le 3 octobre 1940, remplacé par un second, plus dur, le 2 juin 1941 : tous deux définissent les personnes juives, eu égard à des critères raciaux, et exclusivement tels ; et ils énumèrent les catégories professionnelles interdites aux Juifs. En décembre 1942, ceux-ci devaient faire porter la mention "Juif" sur leur carte d'identité. Ces mêmes mesures avaient été prises en zone occupée par les autorités allemandes, dès le 27 septembre 1940.

Un deuxième point acquis est le projet double d'éliminer les Juifs de toute activité dans certains domaines de la vie publique — enseignement, presse, justice, etc. — et d'agir soi-même en zone occupée, sur la demande des Allemands, pour ne pas être dessaisi par eux des attributs de la souveraineté — comme cela était le cas en Alsace-Lorraine. Ainsi, il est certain que la part jouée par les autorités françaises, la police notamment, dans les mesures prises en zone occupée par les Allemands, tient à cette volonté de Vichy de garder la mainmise sur l'administration des hommes et des choses, comme le stipulait la convention d'armistice. Cette collaboration à des décisions émanant des autorités allemandes va des premières mesures vexatoires (tampon sur les cartes d'identité, distribution d'étoiles jaunes, confiscation des postes de radio, etc.) jusqu'au transport vers la déportation, en passant par les arrestations et rafles, celle du Vélodrome d'Hiver, le 17 juillet 1942, étant la plus massive.

Autre action importante, la part active prise par Vichy dans l'arrestation des étrangers et la modification du statut des naturalisés, une mesure prise dès le 22 juillet 1940, dans un esprit à la fois xénophobe et antisémite. Ultérieurement, ce problème de la dénaturalisation, que les Allemands veulent faire remonter à 1927, et même à 1919, permet de "fabriquer des Juifs étrangers", à partir de Français juifs, puisque l'Etat français en zone libre pratique à leur endroit une politique à double face.

En zone libre, en effet, d'un côté sont appliquées les lois antisémites élargies au terrain économique, comme en zone occupée d'ailleurs — "entreprise juive"; d'autre part s'esquisse une politique où sont nettement distingués les citoyens français et les autres. Livraison aux Allemands, internements, etc. s'appliquent à ces derniers, alors que Vichy "protège" les Juifs français, par exemple en refusant d'instituer en zone libre le port de l'étoile jaune. De sorte que les Français, juifs, de zone libre ont ainsi échappé à la déportation, alors que les mêmes Français, juifs, vivant en zone occupée ont pu être livrés aux Allemands, et par les autorités françaises. Schématiquement, on peut considérer que, durant le premier gouvernement Pétain-Laval, les mesures contre les Juifs émanent de l'antisémitisme de la plupart de ses membres,

De sa propre initiative, le gouvernement français édicte deux statuts (3 octobre 1940 et 2 juin 1941) qui énumèrent les catégories professionnelles interdites aux Juifs. Ces différentes mesures sont accompagnées par une active propagande émanant de l'Institut d'étude des questions juives, organisme chargé d'"informer" les Français sur le "péril juif".
Ph © Musée de la Publicité/Arch. Casterman

AU PILORI (14 MARS 1941)

Pour certains, le nombre de Lévy dans l'annuaire est encore trop élevé. Paul Riche, au Pilori, se prononce pour leur élimination totale et sans ambages:
"Mort au juif! Mort à la vilenie, à la duplicité, à la ruse juive!
Mort à l'argument juif!
Mort à l'usure juive!
Mort à la démagogie juive!

Mort à tout ce qui est faux, laid, sale, répugnant, négroïde, métissé, juif! C'est le dernier recours des hommes blancs traqués, volés, dépouillés, assassinés par les Sémites, et qui retrouvent la force de se dégager de l'abominable étreinte.
...Mort! Mort au juif! Oui. Répétons. Répétons-le! Mort!

M.O.R.T. AU JUIF!
Là!
Le juif n'est pas un homme. C'est une bête puante.
On se débarrasse des poux. On combat les épidémies. On lutte contre les invasions microbiennes. On se défend contre le mal, contre la mort — donc contre les juifs." ■
14/3/1941.

Pétain et Alibert en tête. Elles visent les personnes, tant dans leur statut que leur condition dans l'Etat et la société. Elles sont discriminatoires, humiliantes et répressives, mais si persécution il y a, elle ne met pas en cause la vie ou la santé des citoyens et des familles. Il en va différemment des étrangers, juifs ou pas, internés dans les camps, des communistes aussi — victimes désignées dès l'époque de Daladier, mais plus nombreuses sous Vichy et plus maltraitées. Avec l'époque de Darlan (février 1941-avril 1942), les mesures antisémites ne sont plus seulement ponctuelles ou associées à une politique de séduction de l'occupant, ou à une volonté d'agir indépendamment de lui : il se crée un ministère de l'Antisémitisme, ou Commissariat aux affaires juives, avec à sa tête Xavier Vallat, le "plus vieil antisémite de France", à qui l'on doit le deuxième statut des Juifs français et qui épargne seulement les anciens combattants. La troisième phase commence avec le retour de Laval, qui substitue à Vallat un forcené de l'antisémitisme, Darquier de Pellepoix, chantre de l'aryanisation, actif propagandiste venu de l'*Appel* et du *Pilori*, et qui est assez zélé pour que soit supprimée la Police des questions juives, créée sous Darlan. C'est en juin 1942 que, à la suite de la Conférence de Wannsee, les Allemands exigent que leur soient livrés des Juifs et que, au nom d'Eichmann et Laval, se noue la négociation entre Oberg et René Bousquet. A celui-ci, Laval fait savoir que si les arrestations en zone occupée ne doivent pas être le fait de la police française, en zone libre les Juifs étrangers seront arrêtés en premier lieu et remis aux autorités allemandes. Mais Bousquet cède à Oberg pour

Nommé en avril 1941 commissaire général aux questions juives, Xavier Vallat, "le plus vieil antisémite de France", est l'inspirateur du deuxième statut des Juifs qui seul épargne les anciens combattants. Quant à René Bousquet (à droite), secrétaire général à la Police, il met ses fonctionnaires à la disposition des Allemands pour effectuer les arrestations en zone occupée.
Ph © Lapi-Viollet

que, en zone occupée, l'arrestation ait lieu en commun : c'est ainsi que le fichier préparé par l'administration française en zone occupée, les rafles, les arrestations en zone libre de Juifs étrangers qui se croyaient en sécurité furent le fait des autorités de Vichy. Le 4 juillet 1942, la priorité était accordée à la déportation des Juifs apatrides, en zone occupée comme en zone libre. Les autres devaient suivre, par étapes, Laval ne résistant vraiment que sur la déportation immédiate des Juifs français et négociant, en reculant pas à pas, sur la dénaturalisation de ceux qui étaient naturalisés depuis 1937 : les Allemands demandaient la rétroactivité depuis 1927 et même 1919.

Un document du 6 juillet 1942 atteste que Laval proposa que les enfants des familles juives déportées de zone non occupée accompagnent leurs parents. Voulait-il éviter de séparer les enfants des parents ? Jugeait-il que ces enfants d'étrangers seraient sans famille et à charge de Vichy ? Il ne semble pas qu'il ait pensé, à cette date, que leurs parents allaient à la mort, et qu'il ait voulu y joindre les enfants — ce que les Allemands, au reste, n'avaient pas demandé pour la zone libre.

Il se pose ainsi la question de savoir ce que Laval, Pétain et Vichy savaient ou croyaient savoir du sort des déportés.

Une stratégie du secret

A partir du Reich allemand, les chambres à gaz étaient un secret d'Etat ; ainsi le *Hauptscharführer SS* Walter Burmeister, qui participa à la création du premier camp d'extermination à Chelmno, signa un engagement d'observer le silence ; la scène se situe à l'automne 1941. Ultérieurement, Himmler donna l'ordre de faire disparaître le corps des huit cent mille victimes de Treblinka : ils furent exhumés des fosses communes puis brûlés ; les camps furent rasés, celui de Chelmno en avril 1943, et des milliers de dossiers détruits en 1944-1945. Cette stratégie du secret n'empêchait certainement pas des milliers de gens de savoir ou de se douter — Allemands, bien sûr, mais Français aussi bien. Il y eu, certes, des informations qui filtrèrent, telles les émissions de Thomas Mann à la BBC, ou encore les dépêches de l'Agence télégraphique juive, les données que fournit Radio-Moscou en août 1941. Mais dans le climat de terreur et de surveillance en zone occupée par les Allemands, ces informations circulaient mal et très peu ; de plus, elles étaient assimilées à de

HALTE AUX RAFLES !

Bien que le terme extermination apparaisse dans ce tract, il est clair qu'il fait allusion à des exécutions sommaires et non à la Solution finale.

JUIFS LYONNAIS !
Il y a quelque temps, nous vous avons avertis au sujet de rafles qui se préparent et de la honteuse méthode de déculottage appliquée par la Gestapo et la Milice pour trouver les Juifs camouflés. Aujourd'hui, nous avons déjà des victimes à déplorer. Le dimanche 31 janvier, des agents de la Gestapo se sont introduits dans la Maison Dorée, place Bellecour, et ont vérifié les papiers de toutes les personnes présentes et en particulier ceux de philatélistes. Malgré que tous les papiers étaient en règle, près d'une vingtaine d'hommes furent appréhendés et soumis sur place à un examen ignoble. 12 Juifs furent arrêtés et immédiatement dirigés au Fort Montluc. Parmi eux se trouvait un prisonnier récemment rapatrié.
JUIFS LYONNAIS, cette opération de la Gestapo n'est qu'un début. Des rafles de la plus grande envergure sont en préparation contre la population masculine française et contre les Juifs en particulier.
SOYEZ VIGILANTS ! Evitez les concentrations dans les lieux publics. Quittez vos domiciles légaux (les dernières rafles de Paris nous montrent encore une fois que l'ennemi ne fait pas de distinction entre Juifs étrangers et français). Mettez vos enfants à l'abri de la rage de la Gestapo et planquez-vous vous-mêmes. Aidez-vous les uns les autres. Groupez-vous clandestinement autour de l'Union des Juifs pour la Résistance et l'Entraide. Organisez la solidarité envers les nécessiteux. Résistez par tous les moyens aux entreprises d'extermination.
Et que les hommes courageux qui ne veulent pas vivre comme des bêtes traquées rejoignent les milliers d'autres Français non juifs dans le maquis ou dans les groupes de combat.
Au lieu de nous laisser égorger comme un troupeau de moutons, relevons le défi et engageons-nous dans la lutte pour une France débarrassée des boches, une France libre, humaine et tolérante.

Union des Juifs pour la Résistance et l'Entraide. Février 1944 ■

Tract de février 1944 mettant en garde les Juifs de Lyon contre les rafles préparées par la Gestapo et la milice de Vichy.

l'intoxication, et il fallut les détails fournis par un parti socialiste juif, le *Bund* polonais, pour que la BBC fasse largement état de massacres, mais à l'Est, où était évoquée la mort de sept cent mille Juifs polonais (2 juin 1942).

Au stade gouvernemental, Londres et Washington semblaient considérer que les Juifs avaient tendance à exagérer leurs souffrances; toutefois, comme la multiplication des indices et des preuves s'accumulait, l'idée d'une extermination organisée des Juifs fut officiellement stigmatisée par une *Déclaration* signée par onze gouvernements alliés et le Comité de la France libre (17 décembre 1942). Il y eut même une manifestation publique de rabbins à New York, à une date où le génocide avait d'ores et déjà

"L'ENCADREMENT SANITAIRE"

Même en juillet 1944, on ne croit pas à l'extermination de tous les déportés... à preuve cet article publié dans Le Combat médical *en juillet 1944, édité par le Mouvement national contre le Racisme.*

Il y a un an, sous le prétexte fallacieux de réaliser l'encadrement sanitaire des "ouvriers français en Allemagne", un certain nombre d'étudiants en médecine ont été livrés à l'ennemi par Laval et ses sbires.

Malgré toutes les promesses, on sait d'ailleurs que certains n'ont obtenu que récemment ce travail médical et pendant longtemps ont été simples manœuvres sur les chantiers des usines. D'autre part, un grand nombre ne sont pas auprès des ouvriers français, mais dans les hôpitaux allemands où ils exercent les fonctions (très médicales!) de balayeurs. Au moins, dira-t-on, en est-il quelques-uns qui, dans les infirmeries des camps, ou même peut-être à l'hôpital dans les salles des Français, ont un véritable service médical auprès de nos compatriotes. Oui, certes... mais sur le papier seulement. En fait, l'étudiant en médecine français ne dispose d'aucune initiative, n'a le droit de prescrire aucun soin de quelque importance. Tout doit être décidé par le "major" nazi et, en fait, les conditions légales et matérielles sont telles qu'il n'y a pas de service médical possible.

Qu'on en juge:

Il est impossible d'organiser des visites médicales systématiques, soit qu'on se heurte à la mauvaise volonté, voire l'opposition systématique, des dirigeants, soit que les horaires et les moyens de transport rendent toute visite dans les camps éloignés impossible.

Les infirmeries sont éloignées des camps, trop petites, ne comprenant pas des chambres d'isolement, et l'on se doute de tous les dangers de contagion que cela représente.

Une épidémie serait extrêmement grave du fait que l'on manque presque totalement de sérums.

De plus, aucune prophylaxie sérieuse des maladies contagieuses n'a été et ne peut être mise en œuvre : on ne vaccine pas les ouvriers; les dirigeants d'usines s'opposent formellement à accepter l'arrêt de travail, même de 24 heures, même par roulement, qui serait nécessaire.

Les hospitalisations sont presque impossibles à obtenir, les étudiants en médecine chargés du service n'ayant qualité pour les provoquer, les malades doivent attendre, quelquefois plusieurs jours, la visite du major allemand, et cela quelle que soit la maladie en cause. D'ailleurs, la décision prise, il faut encore trouver un moyen de transport, ce qui peut traîner. Tout cela joint au manque de médicaments, une asepsie plus qu'incertaine rend l'encadrement des ouvriers français purement illusoire...

fait quatre millions de victimes. Mais qui, en Europe occupée, a su cela?

Or, en France, les dirigeants de Vichy tout comme les victimes ne voulaient rien en croire, car cela paraissait inimaginable. Disons d'abord que ces informations n'étaient connues que d'un petit nombre, car l'idée qui dominait et demeurait ancrée dans l'esprit de beaucoup de gens était que les déportés étaient envoyés soit dans des camps de travail pour aider à la machine de guerre allemande, soit dans des camps de concentration en attendant d'être installés définitivement dans quelque partie de l'Europe centrale, où ils seraient, en quelque sorte, parqués. Les uns pensaient qu'ils reviendraient à

DE NOS DÉPORTÉS

N'est-ce pas ce que recherchent les barbares racistes? Plus encore, la réforme et le rapatriement de grands malades se font dans des conditions invraisemblables, les formalités administratives traînent des mois pendant lesquels le malade ne reçoit aucun soin. Tel tuberculeux, au début parfaitement curable, ne s'est rendu en France que lorsque les lésions sont telles qu'elles dépassent les possibilités de toute thérapeutique active : à condition encore qu'il n'y ait pas d'accident irrémédiable en route, car le malade voyage avec tous les autres ouvriers dans un wagon à banquettes de bois, si ce n'est un wagon à bestiaux, et cela pendant 6 à 7 jours.

Quant aux femmes enceintes, leur sort est peut-être le pire. Elles doivent, comme des bêtes de somme, travailler jusqu'au bout. L'accouchement a lieu au cantonnement et dans les conditions d'hygiène que l'on imagine aisément, plus exactement l'absence d'hygiène. Par la suite elles ne sont pas rapatriées.

Il y a mieux encore, renouant avec des traditions qui ont même disparu des peuplades les plus primitives, le gouvernement du Reich, le champion du racisme (de la supériorité de la race nordique), procède au rachat des enfants. Il paie royalement... trois cents marks pour un garçon, cent marks pour une fille.

Alors, demandons-nous à quoi sert l'encadrement des ouvriers français en Allemagne ?...
A rien, sinon à tromper les compatriotes qui y croient encore, et à laisser croire à une organisation sanitaire qui, en réalité, n'est qu'une organisation pour détruire, pour ruiner la santé des déportés. Les gardes-chiourme nazis leur font suer sang et eau pour entretenir la machine de guerre allemande et, lorsque l'"instrument" est usé, ils le jettent pour en prendre d'autres, que Laval, Déat ou autres Waffen SS s'empressent de leur fournir.

Les nazis poursuivent ainsi un quadruple but :
1. ils utilisent au profit de leur machine de guerre et aussi contre nous les vies françaises qu'ils nous enlèvent ;
2. ils enlèvent à la France une partie de ses forces dont ils craignent l'action lors des événements à venir ;
3. ils affaiblissent la capacité de travail, donc de relèvement de la France après la guerre ;
4. enfin, par le rachat des enfants, ils cherchent eux-mêmes à réparer les saignées qu'ils ont subies en Russie, ou du fait de bombardements alliés sur leur propre territoire. Mais la résistance française est la plus forte. Elle est faite de tous ceux qui ont refusé de se laisser déporter, manuels ou intellectuels, apprentis ou étudiants. L'étudiant en médecine de nos facultés sait qu'il a sa place marquée au sein des formations sanitaires de la résistance et que là, il sera l'un des artisans de la victoire. ■

la fin de la guerre, les autres qu'ils y demeureraient à jamais, "l'Allemagne ayant ainsi résolu la question juive". De sorte que le maréchal Pétain jugea d'abord insistantes les interventions de son ami Gillouin et du pasteur Boegner en faveur des Juifs ; il compara leur sort à celui des prisonniers, internés depuis plus longtemps qu'eux. Ensuite, il intervint ponctuellement, à la demande de sa femme, et souvent malgré son médecin Ménétrel, pour que des dérogations soient accordées à des Juifs français frappés par le *numerus clausus*. Mais, jusqu'à l'été 1942, le sort des déportés l'indiffère quelque peu. Il donne aux interlocuteurs qui lui en parlent l'impression de n'avoir qu'une vague compréhension de l'ampleur des rafles et des déportations. C'est cette impression d'indifférence que retiennent le pasteur Boegner et les ecclésiastiques, tel Mgr Gerlier, venus lui dire le drame qui se noue. Laval y est plus sensible, qui s'implique directement dans les négociations avec Dannecker et Oberg : mais c'est lui qui, pour sauver les Juifs français, livre les Juifs étrangers... Sait-il ce qu'ils deviennent ? Plus que Pétain, il s'en inquiète et le pressent quand les autorités religieuses juives lui expliquent que si les Juifs devaient seulement participer à l'effort de guerre allemand, les autorités nazies n'emmèneraient pas les femmes, les vieillards, les enfants... On peut juger toutefois que les responsables français de ces déportations ne pensaient pas, en 1942 et même en 1943, que leurs victimes étaient vouées à l'extermination. Car, à l'époque, l'idée en était inimaginable.

Mais ce n'est pas parce qu'ils ne l'imaginaient pas qu'ils ne portaient pas une responsabilité criminelle. Car, pour l'opinion publique, pour les évêques qui protestent auprès du gouvernement de Vichy, la déportation de femmes, de vieillards, d'enfants innocents, dans des conditions épouvantables, constituait déjà un véritable crime contre l'humanité. Il en allait de même du sort des victimes rassemblées dans des camps, du Vélodrome d'Hiver à Pithiviers et Beaune-la-Rolande que, indifférents, la police, la gendarmerie, les sous-préfets et autorités entassaient dans des wagons, sans laisser d'adresse.

INDIFFÉRENCE ET INCRÉDULITÉ

"C'est une honte pour notre pays", écrivait un témoin au maréchal Pétain. Ce témoin n'imaginait pas non plus que ces victimes étaient destinées à l'extermination.

Or, les Juifs qui partaient de France ne l'imaginaient pas non plus.

Certes, des organes de résistance, tels *Témoignage chrétien* et *Libération-Sud*, faisaient état, durant l'été 1943, de ces massacres collectifs commis par les nazis. Mais la place consacrée à ce drame fut modeste et, comme la diffusion de ces publications l'était aussi, l'information passait mal, ou surtout ne paraissait pas crédible. On se rappelait les "bobards" de 14-18 et les fausses certitudes de 39-40. De la même façon, jamais la presse communiste clandestine n'a analysé la situation faite aux Juifs, en France comme à l'étranger, autrement que comme une persécution ordinaire, mais aggravée. Lorsque l'*Université libre*, journal clandestin, évoque la persécution des Juifs, avec ce titre : "Alertez les Juifs, aidez-les à se défendre", il s'agit de les prévenir des arrestations, pour qu'ils ne se laissent pas déporter ou tuer comme des moutons, tels ces "gazés" hollandais. Dénonciation d'un crime repéré mais présenté comme particulier, et non partie d'une extermination globalement programmée. Aussi peut-on estimer que seuls les Juifs qui avaient des liens avec la Pologne — Polonais juifs réfugiés, membres de la MOI (main-d'œuvre immigrée) liés au parti communiste — ont cru les informations qui portaient sur l'extermination et les ont diffusées. A l'autre extrême, et par conséquent parmi les moins informés, se trouvaient les citoyens français que Vichy et les Allemands définissaient comme Juifs, pour des raisons sociales ou religieuses, citoyens qui n'avaient aucun lien avec les communautés juives parce qu'ils étaient laïcs et intégrés, donc isolés ; ils n'imaginaient pas qu'il pût exister une Solution finale. Tout au plus pensaient-ils que seuls les immigrés couraient des risques ; et que les Français déportés reviendraient à la fin de la guerre, avec les prisonniers.

Tel est le cas de Raymond-Raoul Lambert, dirigeant de l'*Union des Israélites de France*, déporté à la fin de 1943 : il écrit que, envoyé à Drancy, il espère y recevoir des nouvelles, et donne quelques indications à ses proches pour qu'ils l'atteignent... Avec sa femme et ses quatre enfants, il est exterminé dans les chambres à gaz dès son arrivée...

*P*résident de la Fédération protestante de France, le pasteur Marc Boegner est l'un des premiers à intervenir en faveur des Juifs auprès des autorités françaises. Mais, plus que de l'hostilité, il rencontre un mur d'indifférence.
Ph © Harlingue-Viollet

Des victimes "invisibles"

Un fait est sûr : jusqu'en 1945, les informations sur l'extermination des Juifs ont été rares et dispersées ; et la persécution réservée aux Juifs, de façon spécifique, n'a pas connu l'écho qu'on aurait pu imaginer. Par exemple, *L'Humanité* clandestine fait quelques allusions au problème juif, dix-sept exactement en cinq ans, mais autant pour se féliciter que les propriétés de Rothschild aient été confisquées que pour stigmatiser l'exécution de communistes, le Juif Tyzelman et Gautherot ; ou pour critiquer les déportations, perçues comme une manière "de fournir de la main-d'œuvre à Hitler". *L'Humanité* clandestine est un exemple ; il y en aurait bien d'autres qui expliquent l'existence d'une *zone d'invisibilité* dans laquelle le cas juif est inscrit ; seuls, peut-être, les milieux protestants ou catholiques faisaient là exception.

L'existence de cette zone d'invisibilité est due à deux phénomènes — étant entendu que chacun voit bien que les nazis vocifèrent contre les Juifs et que, par ailleurs, ils tiennent ultrasecrètes les pratiques d'extermination. Le premier phénomène est le sentiment chez de nombreux Juifs assimilés (en France, aux Etats-Unis, en Angleterre, etc.) que l'afflux d'étrangers venus d'Europe centrale est à l'origine de leurs malheurs ; on reproche aux plus religieux d'entre eux de se faire remarquer, de ne pas être intégrés. Cette réaction, observée chez les Israélites de Marseille, l'est également chez les Juifs américains. Le deuxième phénomène est que la spécificité du malheur juif n'est pas tellement visible, au départ, même si les scènes atroces d'enlèvement des mères ou des enfants font frémir ; parce qu'il existe d'autres victimes et d'autres crimes comme à Lidice, Oradour ou au Vercors. "Rejoignez les Français non juifs dans les maquis", dit un tract de l'*Union des Juifs pour la Résistance et l'Entraide*. Aux Etats-Unis aussi, l'arrivée d'immigrants rescapés d'Europe est banalisée par l'application des lois d'immigration, qui classent les demandeurs par nationalité, pas autrement. De sorte que ni Roosevelt, soupçonné d'être légèrement antisémite, ni Churchill, ni de Gaulle n'accordent une importance particulière aux informations qui leur parviennent et qu'ils soupçonnent d'être exagérées, tant elles sont incroyables. La crainte de l'intoxication joue dans tous les sens : ainsi Pétain refuse de croire à

> "*Il apparaît que Juifs, Russes et Polonais ont été traités avec une plus grande sévérité que les autres nationalités.*"
>
> Extrait d'un rapport américain sur les camps, avril 1945

la réalité des massacres de Katyn ; il y voit l'intervention de la propagande allemande.

Le résultat, dont l'ombre portée dura après la guerre, fut la réaction des Américains en 1945, lorsqu'ils découvrent la réalité des camps d'extermination. L'identité des victimes leur échappe et ils ne voient pas que, pour l'essentiel, il s'agit de Juifs. Le premier rapport communiqué à Eisenhower, en avril 1945, sur ces atrocités distingue en effet : 1. des prisonniers politiques ; 2. des criminels de droit commun ; 3. des objecteurs de conscience appartenant à divers cultes ; 4. des hommes et des femmes qui ont refusé le service du travail. Dans ce rapport de deux feuillets environ, ce n'est qu'aux toutes dernières lignes qu'on peut lire : "Il apparaît que Juifs, Russes et Polonais ont été traités avec une plus grande sévérité que les autres nationalités."

Victimes invisibles pour les Américains, les Juifs l'ont été aussi pour d'autres, pour eux-mêmes, en France notamment jusqu'en 1945 et après. Jusqu'à ce que, chez chacun d'eux, l'identité communautaire ait pris le dessus sur les autres attributs de leur citoyenneté.

*E*isenhower visite le camp de concentration de Gotha. Lorsque les Américains découvrent l'horreur des camps en 1945, l'identité des victimes leur échappe et ils ne voient pas que, pour l'essentiel, il s'agit de Juifs...
Ph © Lapi-Viollet

Chapitre 10
LE DILEMME DES PEUPLES COLONISÉS

DU MAGHREB À L'INDE, LES PEUPLES COLONISÉS POURSUIVENT UN MÊME BUT : CONQUÉRIR LEUR INDÉPENDANCE. CELLE-CI A-T-ELLE PLUS À GAGNER D'UNE VICTOIRE DE L'AXE OU DE CELLE DES ALLIÉS ET... ANCIENS COLONISATEURS ?

"*La croyance naïve que la défaite de la France est un châtiment de Dieu, que sa domination est finie et que notre indépendance nous viendra d'une victoire de l'Axe considérée comme certaine, est ancrée dans beaucoup d'esprits, et cela se comprend. Eh bien, je dis que c'est une erreur, une erreur grave, impardonnable.*" Ces paroles du Tunisien Habib Bourguiba, emprisonné par les Français et libéré par les Italo-Allemands à la fin de 1942, définissent bien le dilemme des peuples colonisés, sous domination française, certes, mais aussi anglaise ou hollandaise. On le retrouve posé dans le monde arabe, mais également là où les victoires japonaises se définissent comme une étape vers l'émancipation des Birmans, des Malais, des Indonésiens, des Vietnamiens, des Philippins, des Indiens.

Certains, tels le roi du Maroc Mohammed V, Ferhat Abbas en Algérie, Gandhi et Nehru en Inde, Ho Chi Minh au Viêt-nam, adoptent, peu ou prou, l'attitude de Bourguiba ; inversement, Salah ben Youssef en Tunisie, Chandra Bose en Inde, le grand mufti de Jérusalem, Rachid Ali, le docteur Ba Maw en Birmanie choisissent délibérément le camp de l'Axe tripartite. Les données et les stratégies diffèrent dans chaque pays — et elles changent avec les variations de la carte de guerre...

De l'Afrique à l'Inde, en passant par l'Indochine et la Malaisie, les peuples colonisés représentent un enjeu de taille pour les deux camps en présence. Tandis que l'Axe tente d'exploiter à son profit les désirs d'indépendance, les Alliés, particulièrement les Britanniques, font des promesses d'avenir et utilisent leurs colonies comme réservoir de forces vives.
Ph © Musée d'Histoire contemporaine-BDIC

Maghreb : le pari d'une victoire américaine

La position de Bourguiba s'expliquait par la situation particulière de la Tunisie, revendiquée par l'Italie, et qui, en cas de victoire de l'Axe, eût simplement changé de

Emprisonné à Marseille par les Français, libéré en 1943 par les Italo-Allemands, le leader nationaliste Habib Bourguiba met en garde ses compatriotes contre une victoire de l'Axe, qui ferait passer la Tunisie des mains de la France dans celles de l'Italie.
Ph © Keystone

maître. Le leader du Néo-Destour, parti nationaliste, le savait bien ; au reste, libéré de sa prison de Marseille, il avait pu mesurer avec exactitude la situation lorsqu'il fut reçu en grande pompe à Rome, au début de 1943. Il remit au gouvernement italien une *Note* dans laquelle il faisait valoir qu'il ne collaborerait avec l'Axe que pour autant que le gouvernement italien reconnaîtrait l'indépendance de la Tunisie.

Le 6 avril 1943, il s'exprimait à la radio de Rome, mettant en garde ses compatriotes contre "certaines convoitises étrangères" ; le message était d'autant plus clair que, simultanément, il stigmatisait les excès du colonialisme français. En outre, il incitait ses compatriotes à se serrer autour du bey que les Français, entrant à Tunis juste après l'occupation germano-italienne, allaient déposer.

A cette raison, essentielle, s'en ajoutait une autre : Habib Bourguiba, comme le sultan du Maroc, diagnostiquait la victoire des Américains dans la guerre, et vu les positions explicitement anticolonialistes de Franklin Delano Roosevelt, il comptait sur l'influence et le poids des Américains plus que sur tout autre appui, pour acquérir ultérieurement l'indépendance de son pays. Enfin, se voulant arabe mais aussi démocrate et laïc, Habib Bourguiba pouvait jouer, certes, de l'Islam pour rallier les populations à une politique mal comprise, et qui, dans le Sud surtout, avaient fait bon accueil aux Allemands ; mais, à la différence de Salah ben Youssef, son rival, il n'entendait pas se greffer sur une politique islamo-arabe, au moins telle que l'imaginait le grand mufti de Jérusalem.

En Algérie, rares furent ceux qui, tel Bovras, président des scouts musulmans, avaient collaboré avec les Allemands. A dire vrai, le régime de Vichy avait multiplié les gestes en faveur des indigènes, des notables plus exactement, que le régime autoritaire comblait d'honneurs. En outre, le général Weygand, puis le gouverneur Chatel, enfin le général Giraud avaient appliqué à la lettre les mesures antisémites de Vichy, plus dommageables aux Juifs qu'en métropole, puisque le *numerus clausus* de 3 % frappait une population qui comprenait 14 % d'Européens. L'abolition du décret Crémieux — qui accordait depuis 1870 la citoyenneté française aux Juifs d'Algérie — faisait des Juifs des citoyens de deuxième zone, comme les musulmans, qui ne manifestèrent aucune joie devant cette destitution. Mais les leaders nationalistes, tel Ferhat Abbas, qui avaient su mesure tenir, profitèrent de ces dispositions, indirectement proarabes, pour multiplier les

Dès la fin de l'année 1940, le général Weygand, commandant en chef en Afrique, remet sur pied une armée de 120 000 hommes. Mais obéissant aux ordres de Vichy, celle-ci ne réagit que mollement au débarquement allié du 8 novembre 1942. Ici, un défilé de tirailleurs à Médenine, en Tunisie
Ph © Harlingue-Viollet

Comme son homologue tunisien, Ferhat Abbas, en Algérie, compte sur une victoire américaine pour obtenir l'indépendance. Mais son action diplomatique n'a guère de résultat. Et son loyalisme envers Vichy n'est pas payant.
Ph © Keystone

gestes de loyauté envers le Maréchal, et en se plaçant sous les auspices de Gandhi — la non-violence — et de Charles Maurras — le nationalisme —, voire sous l'égide d'Atatürk, le leader laïc, et non dans le cadre de l'arabisme ou de l'Islam. Comme Bourguiba, Ferhat Abbas comptait sur l'action des Américains, après guerre. Avec Robert Murphy, représentant de Roosevelt à Alger, il examina comment la Charte de l'Atlantique pourrait s'appliquer à l'Algérie. En adressant son premier message public, au nom des populations musulmanes, aux autorités "responsables", à une date où les Américains agissaient comme en pays conquis, Ferhat Abbas semblait écarter les Français du règlement à venir du problème algérien. Pensait-il à une action de l'ONU, comme naguère l'émir Khaled qui, en 1919, s'adressait à Wilson pour qu'il transmette à la SDN la volonté d'autodétermination des Algériens ? Dans une autre version du Manifeste, Charte de l'UDMA (Union démocratique du Manifeste algérien), il admettait le maintien de l'Algérie dans un cadre français mais n'associait pas les Français à la rédaction d'un statut destiné aux musulmans, ce qui les dépossédait d'une prérogative fondamentale (12 février 1943). Sans doute Ferhat Abbas se faisait-il des illusions sur l'action des Américains en Afrique du Nord après la victoire sur l'Axe. Ainsi déçus, après 1945, Algériens et Tunisiens allaient porter leur regard vers le cœur du monde arabe et s'y rattacher plus étroitement, puisque dans cette région les mouvements d'indépendance avaient obtenu de réels succès, au moins vis-à-vis de la France — Etat mandataire.

La tentation allemande des pays arabes

De son côté, le grand mufti de Jérusalem Sayid Amin al-Husseyni avait choisi le camp allemand. "Les pays arabes sont fermement convaincus que l'Allemagne gagnera la guerre et que les affaires arabes s'en trouveront bien", dit-il en 1941... "Les Arabes sont manifestement les amis naturels des Allemands, puisqu'ils ont tous deux des ennemis communs, les Anglais, les Juifs et les communistes." Il se disait prêt non seulement à multiplier les actes de sabotage, mais à constituer une légion arabe pour réaliser la grande Arabie... Elle comprendrait des volontaires alors prisonniers de guerre en Allemagne : Algériens, Tunisiens, Marocains, etc. La sympathie des Arabes envers l'Allemagne était ancienne : elle datait du

Le 8 juin 1941, de Gaulle, qui intervient en Syrie et au Liban auprès des Anglais contre les troupes de Vichy, proclame l'indépendance des deux pays sous mandat. Une promesse déjà faite par la France en 1936, et jamais tenue...

LA FIN DU MANDAT FRANÇAIS EN SYRIE ET AU LIBAN

Cairo, le 8 juin 1941.

Syriens et Libanais. A l'heure où les forces de la France libre unies aux forces de l'Empire britannique, son alliée, pénètrent sur votre territoire, je déclare assumer tous les pouvoirs, les responsabilités et les devoirs du représentant de la France au Levant. Ceci au nom de la France libre, qui s'identifie avec la France traditionnelle et authentique, et au nom de son chef, le général de Gaulle.
En cette qualité je viens mettre un terme au régime du mandat et vous proclamer libres et indépendants. Vous serez donc désormais des peuples souverains et indépendants et vous pourrez soit vous constituer en Etats distincts, soit vous rassembler en un seul Etat. Dans les deux hypothèses votre statut d'indépendance et de souveraineté sera garanti par un traité où seront en outre définis nos rapports réciproques. Ce traité sera négocié dès que possible entre vos représentants et moi. En attendant sa conclusion, notre situation mutuelle sera celle d'alliées étroitement unies dans la poursuite d'un idéal et des buts communs.
Syriens et Libanais. Vous jugerez par cette déclaration que si les forces françaises libres et les forces britanniques franchissent vos frontières, ce n'est pas pour opprimer votre liberté, c'est pour l'assurer. C'est pour chasser de la Syrie les forces d'Hitler. C'est pour empêcher que le Levant devienne contre les Britanniques et contre nous une base offensive de l'ennemi. Nous ne pouvons permettre, nous qui combattons pour la liberté des peuples, que, submergeant peu à peu votre pays, les ennemis puissent s'emparer de vos personnes et de vos biens et faire de vous des esclaves. Nous ne permettrons pas que des populations que la France a promis de défendre soient jetées entre les mains du maître le plus impitoyable que l'histoire ait connu. Nous ne permettrons pas que les intérêts séculaires de la France au Levant soient livrés à l'ennemi. Syriens et Libanais. Si, répondant à mon appel, vous vous ralliez à nous, vous devez savoir que le Gouvernement britannique, d'accord avec la France libre, s'est engagé à vous consentir tous les avantages dont jouissent les pays libres qui leur sont associés. C'est ainsi que le blocus sera levé et que vous entrerez sur-le-champ en relations avec le bloc de la livre sterling, ce qui ouvrira les plus larges possibilités à votre commerce d'importation et d'exportation. Vos achats et vos ventes avec tous les pays libres se feront librement. Syriens et Libanais.
La France vous déclare indépendants par la voix de ceux de ses fils qui combattent pour sa vie et pour la liberté du monde. ■

Proclamation du général Catroux, au nom du général de Gaulle.

discours de Guillaume II à Tanger, avant la Première Guerre mondiale... Elle s'était perpétuée et revivifiée, puisque non seulement l'Allemagne de Hitler combattait les colonialistes, mais aussi les Juifs et les communistes athées, ennemis de l'Islam. Cette même année 1941,

Réunion, en mars 1942, du Parti populaire français, parti collaborationniste fondé par Jacques Doriot, avec des chefs musulmans : de gauche à droite, Mohammed Bouani, Jean Fossate, Hadj Mostafa Bendjemaa.
Ph © Lapi-Viollet

elle s'était manifestée clairement lors de la révolte de Rachid Ali (8 avril 1941) en Irak. A Damas, selon Jacques Soustelle, "on confectionnait déjà des drapeaux à svastika commandés par des Syriens prévoyants". Les Français étaient d'autant plus honnis que, en 1936, le gouvernement de Léon Blum avait signé un traité promettant la fin du mandat et l'indépendance pour la Syrie et le Liban dans les trois années à venir. Or, le traité n'avait jamais été ratifié...

Tandis que les Anglais intervenaient pour briser la révolte de Rachid Ali, celui-ci recevait l'aide des Allemands grâce à l'entremise de Vichy qui laissait la Luftwaffe utiliser les ports et aéroports de Syrie et du Liban, en application des accords Hitler-Darlan. De leur côté, les Gaullistes intervenaient aux côtés des Anglais, et le général Dentz, commandant des troupes françaises du Levant, leur tirait dessus. Les Anglo-Gaullistes l'emportaient cependant, mais ce conflit franco-français laissa des cicatrices et, en plus, il brouilla les Anglais avec de Gaulle,

L'ENTRETIEN ENTRE HITLER ET LE GRAND MUFTI DE JÉRUSALEM

Berlin, le 28 novembre 1941
Présents : le ministre des Affaires étrangères du Reich, le ministre plénipotentiaire Grobba.

Le grand mufti remercie d'abord le Führer pour le grand honneur qu'il lui témoigne en le recevant. Il veut profiter de l'occasion pour exprimer sa reconnaissance au Führer, unanimement admiré, dans le monde arabe, pour la sympathie qu'il a toujours montrée à l'égard des affaires arabes et la question palestinienne en particulier, et qu'il a affirmée clairement dans ses discours officiels. Les pays arabes sont fermement convaincus que l'Allemagne gagnera la guerre, et que les affaires arabes s'en trouveront bien. Les Arabes sont manifestement les amis naturels des Allemands, puisqu'ils ont tous deux des ennemis communs, les Anglais, les Juifs et les communistes. C'est pourquoi ils se trouveront prêts à travailler de tout cœur et main dans la main avec l'Allemagne, et sont disposés à participer à la guerre, non seulement négativement, par des actes de sabotage et des complots révolutionnaires, mais positivement par la formation d'une légion arabe. Les Arabes, en tant qu'alliés, pourraient être beaucoup plus utiles à l'Allemagne qu'il ne paraît de prime abord, aussi bien par la position géographique de leur pays qu'à cause des souffrances qui leur ont été infligées par les Juifs et les Anglais. De plus, ils ont d'étroites relations avec tous les pays musulmans, qu'ils pourront faire jouer en faveur de la cause commune. La légion arabe sera facilement mise sur pied. Un appel du mufti aux pays arabes, ainsi qu'aux prisonniers en Allemagne de nationalité arabe, algérienne, tunisienne et marocaine, fournira un grand nombre de volontaires au combat. Le monde arabe est très fermement convaincu de la victoire allemande, non pas uniquement parce que le Reich possède une grande armée, des soldats vaillants et des chefs militaires géniaux, mais parce qu'il n'est pas possible que le Tout-Puissant donne jamais la victoire à une cause injuste.

Les Arabes aspirent, dans cette lutte, à l'indépendance et à l'unité de la Palestine, de la Syrie et de l'Irak. Ils ont la plus grande confiance dans le Führer et attendent de sa main le baume pour les plaies que leur ont infligées les ennemis de l'Allemagne.

Puis le mufti rappela la lettre qu'il avait reçue d'Allemagne, et dans laquelle il est dit explicitement que l'Allemagne n'occupera aucun pays arabe et qu'elle comprend et reconnaît les aspirations à l'indépendance et à la liberté des Arabes, de même qu'elle prendra position pour la disparition de la patrie nationale juive. A l'heure présente, une déclaration officielle allant dans ce sens sera d'une grande utilité pour l'efficacité de la propagande sur les populations arabes. Elle secouera les Arabes dans leur état de léthargie momentanée et leur fera naître un nouveau courage. D'autre part, elle facilitera au mufti le travail d'une organisation clandestine des Arabes, nécessaire au moment de l'assaut. Il peut dire à ce propos que les Arabes, disciplinés qu'ils sont, attendront patiemment le bon moment et ne se lanceront à l'attaque que sur un ordre de Berlin.

A propos des événements d'Irak, le mufti fait observer que les Arabes indigènes n'ont pas été conviés par les Allemands à attaquer les Anglais, mais qu'ils ont uniquement répondu à une attaque anglaise mettant leur honneur en jeu.

A son avis, les Turcs salueront avec satisfaction l'édification d'un gouvernement arabe dans les pays voisins, car ils préféreront voir un gouvernement arabe un peu faible dans leur voisinage, plutôt que de puissants gouvernements européens, et ils n'auront, par ailleurs, rien à craindre des 1,7 million d'Arabes vivant en Syrie, en Transjordanie, en Irak et en Palestine, étant eux-mêmes un peuple de 7 millions. La France non plus ne fera pas d'objection à cette union, puisqu'elle a accordé l'indépendance à la Syrie dès 1936, et déjà approuvé la réunion de l'Irak et de la Syrie sous le règne du roi Fayçal. Dans ces conditions, il voudrait renouveler sa prière au Führer de faire une déclaration officielle, afin que les Arabes ne perdent pas l'espoir, qui est un ressort si puissant dans la vie des peuples (...). ∎

Andréas Hillgruber, *Les Entretiens secrets de Hitler*, pp. 671-672, éditions Fayard, Paris, 1969.

car celui-ci entendait conserver la France en Syrie-Liban... La conserver d'abord, pour honorer ensuite la parole de 1936 : le 8 juin 1941, le général Catroux annonçait que la France libre mettait fin au mandat de la SDN ("Vous serez souverains et indépendants"), la difficulté étant que... la Grande-Bretagne, sur place et en force, ne se substitue pas à l'ancien mandataire. Or, les nouveaux gouvernements de Damas et Beyrouth acceptaient, certes, l'indépendance, mais sans la lier à un traité d'association ou d'alliance avec la France. Au reste, ils se demandaient pourquoi les Français appelaient l'ambassadeur haut-commissaire...

Sous les yeux attentifs des Arabes, qui voyaient, comme disait Churchill, "la France asservie vouloir les asservir encore un peu", l'indépendance acquise dans ces conditions n'eut droit à aucune reconnaissance.

Tout comme en Egypte où l'on avait applaudi aux victoires de Rommel, le monde arabe dut se réarmer moralement quand le sort des armes commença à tourner, durant l'automne 1942, en faveur des Alliés.

De l'Indochine à l'Indonésie : la domination japonaise

A l'autre bout du monde, face à la progression des Japonais, les Philippins se trouvaient dans une situation similaire, *mutatis mutandis*, à celle des Tunisiens : espérant l'indépendance effective des Américains, ils ne tenaient pas à tomber sous la dépendance nippone, même si dans les termes les Japonais affirmaient leur rendre leur liberté... Au Viêt-nam, on observe que le leader nationaliste Ho Chi Minh tenait exactement les mêmes propos que Churchill : "Ainsi, les Français qui luttent contre la domination allemande prétendent maintenir leur domination sur d'autres peuples ! Nous, communistes indochinois, protestons de la façon la plus énergique contre l'inconséquence du Comité d'Alger. En travaillant pour la formation d'un large front antifasciste en Indochine, nous voulons nous délivrer nous-mêmes de l'oppression des militaires fascistes nippons. Mais dire que nous sacrifions par là notre indépendance nationale pour la domination des Gaullistes ou autres, c'est pur sophisme." Ces propos sont de 1943, mais, bien avant, Ho Chi Minh avait lancé l'anathème "contre l'impérialisme fasciste japonais et le colonialisme français, son complice". Il faisait allusion aux traités conclus par l'amiral Decoux avec le gouvernement de Tokyo, et qui laissèrent, en deux temps, le Japon faire main basse sur l'Indochine — le représentant de Vichy ne répliquant que par une manœuvre inattendue: aider en sous-main le nationalisme vietnamien à saper la présence nippone et le retourner contre cet occupant. Or, Ho Chi Minh et les communistes n'avaient pas voulu jouer la partie de cette manière, et c'est en Chine nationaliste, à Kun-Ming, qu'ils cherchèrent appui — auprès de Chiang Kai-shek qui, à cette date, avait quelque peu interrompu la lutte contre Mao Zedong et les communistes. Dans ce contexte mal connu, il y avait certes des Vietnamiens prêts à s'allier aux Japonais contre le danger chinois, mais il semble qu'ils aient été très minoritaires.

Affiches française et britannique appelant les peuples des deux empires à s'engager dans l'armée coloniale.
Ph © Musée d'Histoire contemporaine-BDIC/Arch. Casterman

En fin de compte, et malgré ses sarcasmes contre de Gaulle, Ho Chi Minh choisit son alliance — et celle des USA ainsi que de l'URSS — contre le Japon. Allant ainsi plus loin que Bourguiba et surtout Ferhat Abbas, puisque ce dernier avait quelque peu négocié avec Vichy. Il est vrai que Ho Chi Minh, vétéran du Komintern et de l'alliance avec Moscou, pouvait avoir une ligne plus nette — celle de ses alliés communistes russes... et chinois. La perspective était marxiste, révolutionnaire, autant que nationaliste: "Le capitalisme est une sangsue qui a une ventouse appliquée sur la métropole et une autre sur le prolétariat des colonies. Si on veut tuer la bête, il faut couper les deux ventouses à la fois. Si on n'en coupe qu'une, l'autre continuera à sucer le sang du prolétariat, la bête

Au Viêt-nam, Ho Chi Minh, vétéran du Komintern, choisit de lutter contre le fascisme japonais en s'alliant avec les USA, l'URSS... et les Gaullistes. Avec la capitulation du Japon et le retour du colonisateur français, il lui reste encore à conquérir l'indépendance.
Ph © L'Illustration/Sygma

continuera à vivre, et la ventouse coupée repoussera." Ce point de vue explique la tactique suivie : ne pas se contenter d'un combat contre "le fascisme de Vichy et de son allié japonais", mais aider les Gaullistes, désormais alliés aux communistes, à transformer le régime en France, une fois la victoire acquise sur l'ennemi commun. Un projet qui faillit aboutir lors des accords avec Jean Sainteny en mars 1946, mais qui fut contrecarré par les adversaires d'une solution négociée — l'amiral d'Argenlieu, notamment, et le général Valluy.

Après les Malais, les Indonésiens furent les premiers colonisés à voir leurs maîtres militairement vaincus par un peuple de couleur. Dès le 15 février 1942, Singapour étant tombée, les Japonais se dirigèrent sur Bali, y débarquèrent, tandis que l'amiral Doorman, un Hollandais commandant la flotte interalliée, laissa s'échapper l'occasion d'intercepter les forces se dirigeant vers Java, la supériorité des torpilles japonaises faisant le reste. Le 1er mars, les Japonais arrivaient en force à Java, Batavia tombait le 2, l'île était conquise en huit jours. Comme le général Wavell l'avait annoncé, les Indes néerlandaises étaient indéfendables...

Au nom de la Nouvelle Asie qu'ils disaient vouloir construire, les Japonais libéraient les nationalistes incarcérés, dont Soekarno ; ils redonnaient à la capitale de Java son nom original, Djakarta, et interdisaient l'usage du hollandais... Mais c'était pour nipponiser la population, et notamment les enfants à qui on commença à enseigner le japonais. Il est frappant que dans leurs actualités cinématographiques, les Japonais insistent sur cette nipponisation, adoptant le ton des colonisateurs — ce qui n'est pas le cas en Birmanie, par exemple, où ils en réfèrent toujours aux gouvernements qui collaborent avec eux. C'est que la Birmanie ne faisait pas vraiment partie de leur "zone de coprospérité"...

Depuis longtemps, le Japon entendait mettre la main sur les richesses des Indes néerlandaises, le caoutchouc et le pétrole notamment. De sorte que les gestes commis en faveur des indépendantistes demeurèrent une parodie qui permit tout au plus aux Indonésiens d'occuper certains postes tenus jusque-là par les Hollandais, désormais internés dans des camps de concentration.

La domination hollandaise avait été très dure, et les Indonésiens savourèrent ce retournement... Mais il ne s'opérait pas vraiment à leur avantage et, bientôt, le corps de volontaires, que les Japonais voulurent entraîner contre les alliés, se révolta. Comme Ho Chi Minh, Soekarno attendit la capitulation japonaise pour proclamer l'indépendance. Pour l'un comme pour l'autre, avec le retour du colonisateur, il restait à la conquérir.

L'Inde et la voie de la non-violence

En Inde, la situation changea du tout au tout, en premier lieu avec l'invasion allemande en URSS, ensuite avec Pearl Harbor et l'entrée en guerre des Etats-Unis et du Japon. L'invasion de l'URSS eut pour effet de réactiver le parti communiste indien qui milita désormais en faveur d'une participation des Indiens à la guerre : les syndicats et Nehru soutenaient ces vues. Mais Gandhi donna un coup d'arrêt à ce mouvement, dans une lettre à Hitler, appelé "cher ami", expliquant au Führer qu'ils avaient les mêmes ennemis, mais qu'il ne fallait pas s'attendre à ce que les Indiens jouent le rôle d'une cinquième colonne. Certes, ils voulaient renverser le régime anglais, mais par la non-violence et certainement pas avec l'aide des nazis. Bien que cette lettre fût demeurée non publiée, que Hitler sans doute n'en eût pas connaissance à cette date, elle indisposa les milieux anglais les plus favorables à un accord (24 décembre 1941).

Cela coïncidait avec l'entrée en guerre du Japon, les conquêtes et bientôt la chute de Singapour. Les perspectives d'une invasion de l'Inde devenaient réelles... Pour Churchill, le coup le plus dur fut porté par Roosevelt qui, dès février 1942, fit valoir que la Charte de l'Atlantique s'appliquait à toutes les nations — un message qui, de Rabat à New Delhi, avait fait vibrer tous les peuples colonisés. Le Parti du Congrès, émanation du mouvement national indien, se divisa. Nehru, voire Gandhi, se ralliaient à l'idée d'une négociation avec sir Stafford Cripps, mais n'y croyaient guère : "En nous promettant le statut de do-

"En travaillant pour la formation d'un large front antifasciste en Indochine, nous voulons nous délivrer nous-mêmes de l'oppression des militaires fascistes nippons. Mais dire que nous sacrifions par là notre indépendance nationale pour la domination des Gaullistes ou autres, c'est pur sophisme."

Ho Chi Minh

minion après guerre, l'Angleterre nous signe un chèque sans provision sur une banque en faillite", disait Nehru. A l'opposé, Chandra Bose préconisait une alliance avec les Japonais et, en Birmanie "libérée" comme à Singapour, il formait, avec des prisonniers de guerre, plusieurs divisions indiennes pour libérer son pays. A Singapour, il proclamait l'indépendance de l'Inde, suscitée par l'arrestation de Gandhi (été 1942-début 1943). Chandra Bose mourut dans un accident, mais sa légende survécut et jamais sa prise de position ne fut conflictuelle avec celle

LETTRE DE GANDHI À HITLER

Cher Ami,
Si je vous appelle ami, ce n'est pas du formalisme. Je ne possède pas d'ennemis. L'affaire de ma vie depuis trente-cinq ans a été de m'assurer l'amitié de toute l'humanité, sans distinction de race, de couleur ni de croyance. J'espère que vous avez le temps et le désir de savoir comment une portion importante de l'humanité qui vit sous l'influence de cette doctrine d'amitié universelle considère vos actions. Nous ne doutons pas de votre bravoure et de votre amour pour votre patrie et nous ne croyons pas que vous soyez le monstre décrit par vos adversaires. Mais vos écrits et déclarations, ainsi que ceux de vos amis et admirateurs ne permettent pas de douter que beaucoup de vos actes ne soient monstrueux et attentatoires à la dignité humaine, surtout au jugement de ceux qui, comme moi, croient à l'amitié universelle. Il en est ainsi de votre humiliation de la Tchécoslovaquie, du viol de la Pologne et de l'absorption du Danemark. Je suis conscient de ce que, selon votre conception de la vie, ces spoliations sont des actes louables. Mais nous avons appris depuis l'enfance à les considérer comme des actes dégradant l'humanité. Aussi ne pouvons-nous pas souhaiter le succès de vos armes.

Mais notre position est unique. Nous résistons à l'impérialisme britannique tout autant qu'au nazisme. S'il y a une différence, c'est une différence de degré. Un cinquième de la race humaine a été mis sous la botte britannique par des moyens qui ne supportent pas l'examen. Notre résistance à cette oppression ne signifie pas que nous voulons du mal au peuple britannique. Nous cherchons à le convertir, non à le battre sur le champ de bataille. Notre révolte contre la domination britannique est désarmée. Mais que nous convertissions ou non les Britanniques, nous sommes décidés à rendre leur domination impossible par la non-coopération non violente. C'est une méthode invincible par sa nature même. Elle est basée sur le fait qu'aucun spoliateur ne peut atteindre son but sans un minimum de coopération, volontaire ou forcée de la part de sa victime. Nos maîtres peuvent avoir nos terres et nos corps, mais pas nos âmes. Ils ne peuvent avoir ces dernières qu'en exterminant tous les Indiens — hommes, femmes et enfants. Il est exact que tous ne peuvent s'élever à ce degré d'héroïsme et que la force peut briser la révolte, mais ce n'est pas la question. Car si l'on peut trouver en Inde un nombre convenable d'hommes et de femmes prêts, sans aucune animosité contre les spoliateurs, à sacrifier leurs vies plutôt que de ployer le genou devant eux, ils auront montré le chemin de la libération de la tyrannie violente. Je vous prie de me croire quand j'affirme que vous trouverez un nombre inattendu de tels hommes et femmes en Inde. Ils ont reçu cette formation depuis vingt ans...
Dans la technique non violente, comme je l'ai dit, la défaite n'existe pas. C'est "agir ou mourir", sans tuer ni blesser. Elle peut être utilisée pratique-

de Nehru ou de Gandhi — bien qu'elle fût inverse. Les deux hommes assistèrent à ses obsèques.

L'échec de l'entreprise de Chandra Bose était imputable aux Japonais qui, n'ayant pas prévu de tels succès et si rapides en Malaisie et en Birmanie, n'étaient pas prêts ni préparés à coordonner leurs efforts avec ceux de Chandra Bose. Cette différence de *tempo* redonna ses chances à la voie de la non-violence dont l'Inde paya le prix en contribuant largement à l'effort de guerre, au moment où le sort des armes était en train de tourner.

Apôtre de la non-violence, Gandhi, ici avec Nehru, s'oppose tout autant au nazisme qu'à l'impérialisme britannique. Il passera la majeure partie de la guerre emprisonné.
Ph © L'Illustration/Sygma

(24 DÉCEMBRE 1941)

ment sans argent et de toute évidence sans l'aide de la science de la destruction que vous avez poussée à une telle perfection. Je suis étonné que vous ne voyiez pas qu'elle n'est le monopole de personne. Si ce n'est pas les Britanniques, quelque autre puissance pourra améliorer votre méthode et vous battre avec vos armes. Vous ne laissez pas à votre peuple un héritage dont il aura lieu d'être fier. Il ne pourra s'enorgueillir du récit d'actes cruels, même habilement préparés. Je vous demande donc au nom de l'humanité de cesser la guerre...

Pendant cette saison où les cœurs des peuples d'Europe implorent la paix, nous avons suspendu même notre propre lutte pacifique. Ce n'est pas trop vous demander que de faire un effort pour la paix à un moment qui ne signifie peut-être rien pour vous mais qui doit signifier beaucoup pour les millions d'Européens dont j'entends la clameur muette pour la paix, car mes oreilles sont accoutumées à entendre les masses silencieuses.

J'avais l'intention d'adresser un appel conjoint à vous-même et au Signor Mussolini que j'ai eu l'honneur de rencontrer à l'époque de mon voyage en Angleterre comme délégué à la conférence de la table ronde. J'espère qu'il voudra considérer ceci comme lui étant adressé également, avec les changements indispensables. ∎

Trad. Pierre Rocheron in Robert Payne, *Gandhi*, pp. 312-313, éditions du Seuil, Paris, 1972.

Chapitre 11
FASCISME, **N**AZISME ET **T**OTALITARISME

DEPUIS LA FIN DE LA GUERRE, FASCISME, NAZISME ET TOTALITARISME SE SONT REJOINTS DANS UNE MÊME RÉPROBATION MORALE. AU-DELÀ DE CERTAINES ANALOGIES CONTESTABLES, QUELS EN SONT LES POINTS COMMUNS ET LES DIFFÉRENCES ?

L*e débat sur la nature de ces régimes — leurs différences, leurs similitudes — est bien vivant et, constamment, l'actualité sait en brouiller les pistes. Naguère, lors du procès des bourreaux d'Oradour-sur-Glane, enrôlés dans la 2ᵉ SS Panzerdivision Das Reich, comment juger les Alsaciens qui avaient participé au massacre ? Ils se disaient des "Malgré-Nous" enrégimentés de force... S'ils avaient été condamnés, l'Alsace eût clamé sa colère ; s'ils avaient été acquittés, le Limousin eût stigmatisé cette infamie. Plus près de nous, lors du procès de Klaus Barbie, les journalistes s'interrogeaient sur l'identité de l'accusateur : serait-il le procureur ou l'avocat de la défense ? Hier encore, un tribunal jugeait de l'irrecevabilité de plaintes contre un chef milicien, qui bénéficia longtemps du concours et de la connivence de certains hauts milieux ecclésiastiques ; ce tribunal faisait valoir qu'il n'était pas possible du délit de crimes contre l'humanité, puisque Vichy n'avait pas été défini comme un régime totalitaire, et qu'il avait servi ce régime, pas les Allemands. On pourrait multiplier ces signes. L'histoire en train de se faire est loin d'avoir épuisé le jeu des preuves et des épreuves auquel elle peut soumettre les événements passés. La partie est d'autant plus complexe que les phénomènes non seulement se survivent à eux-mêmes, mais existaient avant d'apparaître. L'esprit de Vichy et même sa pratique étaient en place avant 1940 — virulence de l'antisémitisme à* Gringoire *et* Candide, *xénophobie, camps d'internement pour les communistes et une partie des républicains espagnols, etc. ; tout comme pour le nazisme : sa violence*

Le nazisme aime les imposantes mises en scène : parades et cérémonies grandioses, manifestations où la foule innombrable communie dans un ensemble rigoureusement ordonnancé. Cette théâtralisation outrancière de l'image d'un régime se retrouve dans l'Italie fasciste, mais aussi dans les célébrations de l'Union soviétique.
Ph © Coll. Viollet

préexistait à la prise du pouvoir par Hitler, dès la République de Weimar par conséquent.

Ainsi, les jeux de preuves se modifient, et leur confrontation globale reste à accomplir. Les tournants politiques existent, certes, et ils sont bien vivants dans la mémoire et le vécu des citoyens. Mais ils expriment aussi l'émergence de courants qui les ont sous-tendus, au point de causer ces ruptures. Le régime de Vichy n'est pas seulement le produit de la défaite ; pas plus que le régime hitlérien n'est issu des élections de 1933, d'elles seules.

Fascisme : quelle définition ?

L'extension de l'utilisation du terme a d'abord été le fait des antifascistes, du Komintern notamment. Selon ce modèle, le fascisme — italien ou allemand — est un ultime moyen de défense d'une bourgeoisie aux abois, commanditaire d'un mouvement qui veut dépasser la lutte des classes et détourne de sa cible l'anticapitalisme des classes populaires. Grâce à la construction d'un mythe, celui du chef, qui gagne jusqu'aux masses des travailleurs, les fascistes prennent les rênes du pouvoir, de sorte que, la bourgeoisie renonçant à l'exercer directement, l'État peut apparaître indépendant des forces sociales qui le contrôlent. Pourtant, après la Seconde Guerre mondiale, expliquer l'adhésion massive des populations à ces régimes constitua une des difficultés de ce type d'analyse : dire qu'au début des années trente elles avaient été déçues par le réformisme des sociaux-démocrates ne suffisait plus à expliquer leur adhésion, au moins tacite en Allemagne, à la politique d'extermination, ou leur fidélité envers le Führer.

Pour le faire, la première École de Francfort eut recours à la psychanalyse, à l'explication de ce phénomène par la frustration sexuelle, l'appel à la "personnalité" autoritaire, etc. Ces hypothèses ont eu pour effet de banaliser le nazisme car certains de ces traits se retrouvent jusque dans les pays les plus démocratiques, tel l'appel à la "personnalité autoritaire" que les psycho-sociologues repérèrent notamment aux USA. Le concept se dilue : en 1968, toute autorité qui s'affirme est dénommée "fasciste", toute force de l'ordre aussi bien. Sur les murs de Paris, on lit CRS = SS, on définit comme fasciste la guerre menée par les USA au Viêt-nam...

> *"Le fascisme, il y a bien longtemps que nous avons pensé que c'était une poésie et la poésie même du XXe siècle (avec le communisme sans doute). Je me dis que cela ne peut pas mourir."*

Par ailleurs, la construction analytique, dont Ernst Nolte en particulier s'est fait le promoteur en Allemagne dès 1963, d'un ensemble comprenant à la fois le nazisme allemand et le fascisme italien est lourde de conséquences. Fondant l'unité d'une période — 1919-1945 —, il ne constitue pas seulement une réduction chronologique. Voici ces régimes, sans passé, sans avenir, sans véritable capacité régénératrice, ramenés au rang des "accidents de l'histoire". La carence du régime parlementaire, la peur du désordre, la frustration due à la mutilation d'une société qui s'était tendue dans son effort de guerre, et qui se sent perdante dans les deux camps — Allemagne, Italie, Hongrie —, la peur du bolchevisme, tels seraient les seuls traits qui rendraient compte de l'apparition du fascisme en Italie, en Allemagne et en Roumanie, etc. Dans le même mouvement, Jaeckel en Allemagne l'a bien montré, la lecture qu'on en donne s'en trouve pervertie sur des points essentiels : aplatissement de la politique raciste d'extermination, survalorisation des chefs, évacuation de la question des modalités des relations entre le parti dominant et les institutions traditionnelles, schématisation des rapports entre l'Etat et la société civile, survivance d'une mystique militaire, etc.

La France et son "imprégnation fasciste"

A l'inverse du cas allemand, c'est l'affirmation d'une spécificité qui permet d'abord de définir le régime de Vichy. Pendant plusieurs décennies, il apparaissait inconcevable, sauf aux communistes, de l'assimiler à l'un quelconque des régimes fascistes. Dans l'ouvrage de Robert Aron, *Histoire de Vichy*, qui fut longtemps la vulgate sur cette période, le mot "fasciste" n'apparaît même pas. L'auteur situe l'ancrage du régime entre l'*Action française* et les milieux personnalistes d'*Esprit*, une manière de l'éloigner encore plus du fascisme, de le rapprocher de la Résistance qui, elle aussi, était antiparlementariste, hostile aux partis, etc. Selon cette tradition, la politique de collaboration ayant été imposée à Pétain, tous les actes du régime qui ne correspondaient pas à cette définition pouvaient être attribués à l'occupant. Une sorte de consensus s'est établie sur cette analyse parce qu'elle sauvegardait l'identité et l'honneur de la vieille droite nationaliste et conservatrice. Les chrétiens sociaux et ceux qui avaient sou-

---

"Les petits enfants qui seront des garçons de vingt ans plus tard apprendront avec un sombre émerveillement l'existence de cette exaltation de millions d'hommes, les camps de jeunesse, la gloire du passé, les défilés, les cathédrales de lumière, les héros frappés au combat, l'amitié entre jeunesse de toutes les nations réveillées (...), le fascisme immense et rouge."

Ecrit en prison
par Robert Brasillach

tenu le Maréchal en 1940 s'y reconnaissaient ; et pour les gaullistes se perpétuait ainsi une certaine idée de la France.

La mise en cause de cet antimodèle se fit d'abord sur ses marges, lorsque Jaeckel et Paxton montrèrent que ce fut Vichy qui voulut la collaboration ; si Pétain était hostile à des pratiques imitées de l'étranger, il ne manifestait pas de désaccord fondamental avec les idées de Bergery, Déat, etc., la création d'un parti ou d'une jeunesse unique mise à part. Laval au contraire demeurait fidèle à une certaine pratique démocratique et s'accommoda de la fascisation du régime plus qu'il ne la promut. Insister sur la fascisation du régime après novembre 1942, et pas dès l'été 1941, a ainsi pour fonction de dédouaner le régime, de rendre les Allemands responsables d'un changement qui s'était produit de façon autonome.

Pourtant, enfermer toute l'époque de Vichy dans la sphère du fascisme conduit cette fois à oublier que "l'imprégnation fasciste" constitue de fait un trait spécifique à la

France. Pierre Milza a bien montré qu'en vérité, tout en se disant et en étant aussi antifascistes, la droite française et le premier Vichy ont commis des excès ordinairement attribués au fascisme. Autrement dit, alors qu'en Allemagne ou en Italie la violation des droits du citoyen et le racisme demeuraient l'apanage des partis dits fascistes et nazis, en France cette attitude était partagée par une fraction beaucoup plus large de l'éventail politique et notamment par l'Action française. Sans doute est-ce pour avoir mis le doigt sur cette constatation essentielle que les travaux de Z. Sternhell ont suscité tant de polémiques. Sans doute aussi parce que ceux-ci vont jusqu'à enraciner à gauche, et non plus seulement à droite, ces comportements.

L'analogie entre nazisme et totalitarisme

Avant la Seconde Guerre mondiale, l'usage réservait la dénomination de régime totalitaire au nazisme et à l'Italie fasciste ; au reste, ces régimes se définissaient comme

Face à face, les pavillons soviétique et allemand lors de l'Exposition universelle de 1937 à Paris. Le public y vit un symbole...
Ph © Harlingue-Viollet

Identifier la terreur hitlérienne à la terreur stalinienne revient à faire table rase de la spécificité du racisme, qui constitue pourtant un des points d'ancrage de la politique nazie d'extermination.

tels, pour autant qu'ils se disaient porteurs d'un projet total qui visait toutes les formes de la vie. En ce temps-là, personne ne définissait l'URSS comme une autre variété de régime totalitaire : par définition, communisme et fascisme étaient différents, répondant à deux projets de société opposés. Pourtant, la similitude des méthodes employées par le Guépéou et la gestapo à la fin des années trente, puis le Pacte germano-soviétique suscitèrent une interrogation sur le dogme qui définissait leur essence comme opposée. Ce furent surtout des émigrés allemands, antifascistes le plus souvent, qui émirent cette hypothèse, mais elle ne suinta guère hors de ces milieux tant que l'URSS, victime bientôt de l'agression nazie, fut rangée par nécessité dans le camp qui incarnait la défense de la démocratie. Par un retournement spectaculaire, ce furent les Allemands vaincus, ceux de Bonn, qui récupérèrent globalement cette idée et le concept lorsqu'ils rédigèrent la Constitution de la RFA : celle-ci ne serait pas totalitaire "comme l'avait été le régime nazi et comme l'était le régime soviétique". Dans l'ombre de sa rédaction, on retrouvait ces Allemands antifascistes quelquefois émigrés aux USA, dont Hannah Arendt.

Dans *Les Origines du totalitarisme*, elle définissait ce système comme un régime de type nouveau qui substituait aux lois du droit celles de la nature — pour le fascisme et le nazisme —, ou bien celles de l'histoire — pour le communisme. La comparaison aboutissait à une banalisation du génocide, ce que pressentit Raymond Aron, et ce qu'exploitèrent les premiers révisionnistes tel Ernst Nolte, en identifiant quelque peu les camps d'extermination au goulag, ceux-là ayant été une réponse à celui-ci ; la suppression d'une race était la réponse à l'extermination d'une classe, la bourgeoisie.

La procédure d'identification d'un régime totalitaire à l'autre ajoute, de fait, au processus de banalisation du nazisme. Pour autant que celui-ci est défini comme une forme extrême du fascisme, ceux qui, prétendant qu'il est mort en 1945, peuvent dire aussi qu'il est une forme de totalitarisme née d'une réaction vis-à-vis du totalitarisme soviétique apparu avant lui et que, pour sa défense, il a été contraint d'imiter. Contre-vérité flagrante, a montré Jaeckel, Hitler n'ayant jamais eu que mépris pour le régime des soviets.

"L'innocence" postulée du peuple allemand et les mesures de dénazification instituaient ainsi l'URSS, après la Seconde Guerre mondiale, en étalon unique du totalitarisme. Au reste, bien que les fondements en fussent différents, pour ne pas dire inverses, le projet total des staliniens — faire apparaître un homme nouveau — prenait pour ainsi dire la relève du projet nazi. Ultérieurement, la révélation des crimes commis sous Staline, le rapport Khrouchtchev, le témoignage des dissidents rendirent encore plus légitime l'utilisation du concept et, avec, l'analogie opérée entre totalitarismes soviétique et nazi.

Ajoutons qu'identifier la terreur hitlérienne à la terreur en URSS revient à faire table rase de la spécificité du racisme qui constitue un des points d'ancrage de la politique nazie d'extermination. On comprend ainsi par quel itinéraire les chambres à gaz ont pu devenir un enjeu pour l'histoire. Les négationnistes se sont bien efforcés de nier jusqu'à leur existence. Devant l'accumulation des témoignages et des preuves, orales, écrites, etc., ils n'ont plus guère d'audience, et les derniers travaux de Pressac (il fut l'un d'entre eux), entre autres, ont établi le dossier de la construction des fours et chambres à gaz, de leur emploi, etc., grâce aux archives des camps eux-mêmes, enfin découvertes et analysées.

Aussi, à défaut de nier l'existence des chambres à gaz, on a voulu les faire apparaître seulement comme un excès, de sorte que l'extermination demeure, dans ces conditions, un fait banal; et ainsi on reporte la responsabilité des grands massacres du XXe siècle sur l'URSS, ce qui était l'objectif. Par cette brèche, la procédure de déculpabilisation du nazisme peut aller, enfin, plus outre : montrer qu'aux colonies, dans le Far West, les "démocraties" avaient fourni le prototype des massacres collectifs — dans le but d'y construire un monde nouveau. Par cette brèche, la procédure de normalisation du nazisme atteint son stade ultime.

En URSS, un des traits du totalitarisme a été la destruction des institutions que la société civile s'était données, tels le mouvement corporatif, les syndicats et partis, l'Ordre des médecins par exemple. En Allemagne nazie, au contraire, le régime n'a pas détruit les institutions anciennes; il les a plutôt valorisées. Aussi, s'il est essentiel d'observer le rapport du parti fasciste au pouvoir avec les autres institutions, il ne l'est pas moins d'analyser les modifications du système social et des relations de la société aux institutions traditionnelles lorsque le rapport de celles-ci au parti se transfigure. Sur le problème emblématique de l'extermination, en particulier, la question de la responsabilité des institutions, des groupes sociaux, est encore un sujet mal exploré, souvent tabou. Dans le cas de l'Allemagne, deux éclairages révélateurs ont été récemment apportés : l'un concerne les Juifs, l'autre les handicapés.

L'adhésion des populations : un sujet tabou

La Conférence de Wannsee, qui mit au point en janvier 1942 l'extermination des Juifs dans toute l'Europe, a fait l'objet d'un film de reconstitution brute, pour ainsi dire en temps réel, d'après les notes et les protocoles rédigés durant les séances. Entre eux, les nazis s'expriment crûment sur ce qu'ils ont déjà fait ou vont entreprendre, tandis que vis-à-vis des militaires ou des représentants de l'administration, ils pèsent leurs mots. Cela peut laisser un doute sur la nature exacte de certaines mesures, sur le projet d'extermination de tous les Juifs européens, même s'il apparaît peu à peu que la discussion sur les procédures — transport, internement, expérimentation de gaz — ne laisse pas d'ambiguïté sur l'issue du plus grand nombre. On ne saurait, pour autant, connaître exactement les sentiments des participants — une trentaine de personnes — car ils sont évidemment, dans un film, création du cinéaste. Or, si le non-dit couvre une procédure d'extermination évidente, ceux qui essaient de la contrecarrer — juristes, militaires, diplomates — utilisent seulement des arguments de leur ressort : difficulté de réunir les wagons dans les délais, cas des couples mixtes, compétences des autorités civiles, etc. Personne ne pose le problème de fond ou ne proteste, chacun demeure dans le cadre strict de sa compétence, aménage les exigences du Führer représenté à Wannsee par Heydrich, mais s'y conforme. La Conférence de Wannsee permet de sentir, malgré le travestissement cinématographique, comment une "décision" descend la hiérarchie administrative, et quel est le comportement des acteurs institutionnels vis-à-vis d'un acte qui émane du pouvoir.

Mais quel est le comportement de la société civile elle-même, lorsqu'elle n'est pas aussi directement convo-

*"Mussolini a toujours raison."
De par sa simplicité sans appel, c'est le slogan fasciste par excellence. A partir des années trente, il recouvre les murs des grandes villes italiennes.*
Ph © Coll. Viollet

quée ? L'attitude envers les handicapés constitue un révélateur qui permet d'observer un autre itinéraire institutionnel : il concourt lui aussi au succès de la politique d'extermination. L'historien P. Weindling a bien montré que, sous la République de Weimar, dans le chaos de la lutte politique entre partis, syndicats, etc., des chercheurs et des savants, tels ceux du Kaiser Wilhelm Institut, spécialisé en eugénisme, en anthropologie et dans les problèmes de l'hérédité, ont réussi à étendre peu à peu le champ de leur compétence, s'assurant notamment le contrôle, au ministère, de certains secteurs de la politique de la santé. Ces savants comptaient parmi eux des membres de toutes les confessions et opinions politiques, et ils étaient loin de proposer les solutions qu'allaient préconiser les nazis.

Plus encore : au sein de l'Institut, dès que le pouvoir administratif reprit le dessus sur le pouvoir médical, juste avant 1933, on se méfia de la mainmise politique et des nazis. Mais dès 1934, il y eut une pression permanente des nouvelles autorités sur l'orientation et la nature des recherches dans l'Institut. Pour sauvegarder son autonomie et préserver ses conquêtes dans le domaine de l'administration sociale des malades, l'Institut écouta les directives qui ne correspondaient que pour une part à son programme. Il les appliqua avec zèle. Ce cas est-il un exemple unique ?

Il est sûr qu'en URSS aussi, un tabou similaire interdit de rechercher les façons dont les individus et les groupes sociaux ont participé à la répression ou plus simplement au fonctionnement du régime : la révision de l'histoire a abouti à la condamnation de Staline, puis du stalinisme, de Lénine, puis du Parti communiste, comme si ces leaders, ces idéologies et organisations s'étaient imposés à la population, alors qu'on sait bien qu'elle a participé à la destruction de l'ordre social antérieur, sans pour autant substituer un régime d'équité à un "état de droit" qui était contesté.

Ouvrages généraux
— Duroselle J.-B., *L'Abîme. 1939-1945*, Imprimerie nationale, Paris, 1982.
— Michel Henri, *La Seconde Guerre mondiale*, 2 vol, PUF, Paris, 1969.
— Miquel P., *La 2ᵉ Guerre mondiale*, Fayard, Paris, 1989.
— Parker A., *Struggle for Survival*, Londres, 1990.

L'entrée en guerre : esprit public et cinéma
— Bertin-Maghit J.-P., *Le Cinéma de Vichy*, Paris, 1989.
— Capra Frank, *Hollywood Story, autobiographie*, Stock, Paris, 1976.
— Cadars P. et Courtade F., *Histoire du cinéma nazi*, Paris, 1979.
— Daniel Joseph, *Guerre et Cinéma*, Paris, 1974.
— Delage Christian, *La vision nazie de l'Histoire à travers le cinéma documentaire du IIIᵉ Reich*, L'âge d'homme, 1989.
— Ferro Marc, *Cinéma et Histoire*, Paris, 1976.
— Friedman R.M., *L'Image et son Juif : le Juif dans le cinéma nazi*, Payot, Paris, 1983.
— Garçon F., *De Blum à Pétain : cinéma et société française (1936-1940)*, Paris, 1984.
— Gheorghiu-Cernat M., *Arms and Films*, Bucarest, 1983.
— Gili Jean, *Stato fascista e cinematografia : repressione i promozione*, Rome, 1981.
— Leyda Jay, *A History of the Russian and Soviet Film*, Londres, 1960.
— Parrish Robert, *J'ai grandi à Hollywood*, Paris, 1980.
— Short K.R.M. (ed),*Feature films as history*, Knoxville, 1981.
— Taylor Richard, *Film propaganda, Soviet Russia and nazi Germany*, Londres, 1979.
■ Voir également :
— Short K.R.M. et Taylor Richard, "Soviet Cinema and the international menace, 1928-1939", in *Historical Journal of film, radio and television*, vol. 6 n° 2, Oxford, 1986.

Pétain-Laval : mythe et réalité du double jeu
— Abetz O., *Pétain et les Allemands (Le Mémorandum d'Abetz)*, Editions Gaucher, Paris, 1948.
— Azema J.-P., *De Munich à la Libération*, Le Seuil, Paris, 1979.
— Bankwitz, P.C.F., *Maxime Weygand, a bibliographical study*, Princeton, 1968.
— Benoist-Méchin J., *De la défaite au désastre*, 2 volumes, Albin Michel, Paris, 1984.
— Destremeau B., *Maxime Weygand*, Editions Perrin, Paris, 1988.
— Jaeckel E., *La France dans l'Europe de Hitler*, Fayard, Paris, 1968.
— Girard L.D., *Montoire, Verdun diplomatique*, Paris, 1948.
— Kupferman F., *Pierre Laval*, Masson, Paris, 1976.
— Paxton R.O., *La France de Vichy*, Le Seuil, Paris, 1973.
— Rougier L., *Mission secrète à Londres, les accords de Pétain-Churchill*, Montréal, 1945.
— Thomas R.T., *Britain and Vichy, 1940-1942*, Londres, 1982.
— Warner G., *Pierre Laval and the Eclipse of France*, New York, 1968.

La rupture du Pacte germano-soviétique
— Duroselle J.-B., *La Décadence, 1932-1939*, Paris, 1979.
— Gorodetsky Gabriel, *The impact of the Ribbentrop-Molotov Pact on the course of Soviet foreign policy*, in Cahiers du Monde russe et soviétique, pp 27-41, 1992.
— Leonhard W., *Der Schock des Hitler-Stalin-Paktes*, Freiburg, 1986.
— Ne'kricht A., *L'Armée rouge assassinée*, Paris, 1978.
— Volkogonov D., *Staline, triomphe et tragédie*, Flammarion, Paris, 1991.
— Zamojski Jan E., "Polskie Formacje wojskowe W ZSRR W latach II wojny swiatowej-Refleksje generalnie", conférence à l'université Jagiellon, 1990 ("Les formations militaires polonaises en URSS durant la IIᵉ Guerre mondiale. Réflexions générales"), extrait de *Mniejszosci Polskie i Polonia W ZSRR (Minorités polonaises et Polonais en URSS)*, Instytut Polonijny Univ. Jagiellon Skiego, Krkow, 1992.
■ Grâce à l'ouverture des archives soviétiques et bulgares, il est possible de mieux comprendre comment le Pacte fut conclu et rompu.

Les communistes français et leur entrée en résistance
— Bourderon R. et Willard G., *La France dans la tourmente*, éditions Sociales, 1980.
— Courtois Stéphane, *Le PCF dans la guerre, de Gaulle, la Résistance, Staline*, éditions Ramsay, Paris, 1980, 585 p. (importante bibliographie).
— Noguères Henri, *Histoire de la Résistance en France*, 5 volumes, Paris, 1967-1976.

— Rioux J.-P. (sous la direction de J.-P. Rioux ainsi que J.-P. Azema et Antoine Prost), *Les Communistes français de Munich à Châteaubriant (1938-1941)*, éditions des Presses de Fondation nouvelle des Sciences politiques, Paris, 1987, 428 p.
— Robrieux Philippe, *Histoire intérieure du Parti communiste*, tome I, 1920-1945, Fayard, Paris, 1980, 582 p.
— Rossi A., *La Guerre des papillons — quatre ans de politique communiste, 1940-1944*, Les Iles d'Or, Paris, 1954, 334 p.
— Kedward H.R., "Behind the Polemics : French Communists and the Resistance 1939-1941", in *Resistance in Europe : 1939-1945*, édité par S. Hawes & R. White, Allen Lane, Londres, 1975.

Les origines de Pearl Harbor
— Behr Edward, *Hiro-Hito, l'empereur ambigu*, Laffont, Paris, 1989, 524 p.
— Coox Allen, *Japan against Russia 1939*, Stanford, 1985.
— Costello John, *La Guerre du Pacifique*, Pygmalion, Paris, 1952, 2 volumes 432 et 435 p.
— Iriye Akiro, *Power and Culture, the Japanese-American War 1941-1945*, Harward University Press, Cambridge, 1981.
— Kaspi André, *Franklin Roosevelt*, Fayard, Paris, 1988, 648 p.
— Sherwood R.E., *Le Mémorial de Roosevelt, d'après les papiers de Harry Hopkins*, Plon, Paris, 1955, 388 p.
— Spector Ronald H., *La Guerre du Pacifique 1941-1945*, Albin Michel, Paris, 1984, 504 p.
— Toland John, *L'Empire du Soleil levant, gloire et chute, 1936-1945*, Calmann-Lévy, Paris, 1972, 346 p.
— Ulam A.B., *Expansion and Coexistence, Soviet Foreign Policy, 1917-1973*, Holt-Rinehart & Winston Inc., New York, 1974, 798 p.

Le tournant de la guerre
— Duroselle J.-B., *L'Abîme*, Imprimerie nationale, Paris, 1982.
— Steinert M., *Hitler*, Fayard, Paris, 1991.
— Wright Gordon, *L'Europe en guerre*, Armand Colin, Paris, 1971.
■ Ainsi que les mémoires des principaux dirigeants : Churchill, Ciano, de Gaulle, Goebbels. Nous avons utilisé les remarques faites par Marlis Steinert et James Steel à *Histoire Parallèle*, émission de la Sept/Arte.

Typologie de la collaboration
— Azema J.-P. et Bedarida F. (sous la direction de), *Vichy et les Français*, Fayard, Paris, 1992, 790 p. (notamment les études de la 9ᵉ partie par P. Burrin, J. Vanwelkenhuyssen, W. Ten Have, M. Skodvin, H. Poulsen, K. Bartosek, B. Krizman).
— Castellan G., *Histoire des Balkans*, Fayard, Paris, 1991.
— Durand Y., *L'Europe nazie*, Complexe, Bruxelles, 1990.
— Garde P., *Vie et Mort de la Yougoslavie*, Fayard, Paris, 1992, 440 p.
— Nolte E., *Les Mouvements fascistes*, Calmann-Lévy, Paris, 1966 (nouvelle édition : 1991, préface d'Alain Renaut, 360 p.).
— Ory P., *Les Collaborateurs, 1940-1945*, Le Seuil, Paris, 1976, 320 p.
— Rigoulot Pierre, *La Tragédie des Malgré-Nous*, Denoël, Paris, 1990, 286 p.
— Seton Watson H., *The East European Revolution*, Londres, 1950 (3ᵉ édition : 1956, 435 p.).

Les enjeux de la Résistance
— Laborie Pierre, *Résistants, Vichyssois et autres dans le Lot de 1939 à 1944*, CNRS, Paris, 1980.
— *L'Italia nella Seconda Guerra mondiale e nella Resistenza*, a cura di F. Ferratini Tosi, Gaetano Grassi, M. Legnani Franco Angeli, 1988, 580 p.
— Pavone Claudio, *Una guerra civile, Saggio storico sulla moralità nella Resistenza*, Bollati-Boringhieri, Torino, 1991.
— *Resistance in Europe, 1939-1945*, édité par S. Hawes and Ralph White, Allen Lane, Londres, 1975, 230 pages (particulièrement les études de Brian Chapman, M.R.D. Foot, A. Williams).
— Rousso Henri, *Le Syndrome de Vichy*, Le Seuil, Paris, 1987.
— Semelin Jacques, *Sans armes face à Hitler, la Résistance civile en Europe, 1939-1943*, préface de J.-P. Azéma, Payot, Paris, 1989.
— Sorlin Pierre, "Rossellini, témoin de la Résistance italienne", *Mélanges André-Latreille*, Audin, Lyon, 1972.

L'extermination des Juifs : qui savait — et quoi ?
■ Sur la réalité du génocide et ses formes
— Aron R. et Furet F. (sous la direction de), *L'Allemagne nazie et le génocide juif*, colloque de l'EHESS, Hautes Etudes, Gallimard-Le Seuil, Paris, 1985, 604 p.

— Bedarida F. (sous la direction de), *La Politique nazie d'extermination*, IHTP-Albin Michel, Paris, 1989, 333 p.
— Fargion, L.P., "La persecuzione anti-ebraico in Italia", in *L'Italia* op.cit., p. 197-215.
— Hilberg R., *La Destruction des Juifs d'Europe*, Fayard, Paris, 1988, 1095 p.
— Vidal-Naquet P., *Les Assassins de la mémoire*, La Découverte, Paris, 1987, 227 p.
— Wellers G., *Les Chambres à gaz ont existé*, Gallimard, Paris, 1981, 227 p.
■ Sur la connaissance des faits, leur nature et leur interprétation, particulièrement en France et en Italie, avant tout :
— Kaspi A., *Les Juifs pendant l'Occupation*, Le Seuil, Paris, 1991, 400 p.
— Klarsfeld S., *Vichy-Auschwitz*, 2 volumes, Fayard, Paris, 1983.
— Marrus et Paxton R., *Vichy et les Juifs*, Calmann-Lévy, 1981.
— Meier Michaelis, *Mussolini and the Jews, 1922-1945*, Oxford, 1978.
■ ainsi que :
— Abzug R.-H., *Inside the Vicious Heart, Americans and the Liberation of Nazi Concentration Camps*, New York, 1985, 191 p.
— Courtois S., Rayski A. (sous la direction de), *Qui savait quoi, l'extermination des Juifs*, La Découverte, Paris, 1987, 236 p.
— Laqueur W., *The Terrible Secret ; Suppression of the Truth about Hitler's Final Solution*, Londres 1980, traduction française Fayard, 1981.
— Wellers G., Kaspi A., Klarsfeld S. (sous la direction de), *La France et la question juive, 1940-1944*, actes du colloque de mars 1979, éditions Messinger, 1981, 414 p.
— Wieviorka A., *Déportation et Génocide ; entre la mémoire et l'oubli*, Plon, Paris, 1992, 506 p. avec une bibliographie à jour.

Le dilemme des peuples colonisés

— Ageron Charles Robert (et autres), *Histoire de la France coloniale*, tome II 1914-1990, Armand Colin, Paris, 1991.
— Ashe Geoffrey, *Gandhi, a Study in Revolution*, Heinemann, Londres, 1968, 404 p.
— Devillers Philippe, *Histoire du Viêt-nam de 1940 à 1952*, éditions du Seuil, Paris, 1952, 470 p.
— Decoux Amiral, *A la barre de l'Indochine*, éditions Plon, Paris, 1949.
— Gandhi, *Expériences de Vérité*, PUF, Paris, 1950.
— Julien Ch.-A., *L'Afrique du Nord en marche*, Julliard, Paris, 1952.
— Lacouture J., *Ho Chi Minh*, éditions du Seuil, Paris, 1967, 252 p.
— Lombard Denys, *Le Carrefour javanais*, tome 1, éditions EHESS, Paris, 1990, 264 p.
— Nehru Pandit J., *Ma vie et mes prisons*, Densel, Paris, 1952.

Fascisme, nazisme et totalitarisme

— Aycoberry Pierre, *La Question nazie, les interprétations du national-socialisme, 1922-1975*, Le Seuil, Paris, 1979, 316 p.
— Broszat M., *L'Etat hitlérien*, Le Seuil, Paris, 1985 (édition originale en allemand, 1970).
— Burrin Philippe, *La Dérive fasciste, Doriot, Déat, Bergery, 1933-1945*, "L'Univers historique", Le Seuil, Paris, 1986, 530 p.
— Ferro Marc, *Pétain*, Fayard, Paris, 1987.
— *Devant l'histoire*, volume collectif préfacé par Luc Ferry, éditions du Cerf, Paris, 1980, 400 p.
— Hermet G. (sous la direction de), *Totalitarismes*, Economica, 184, notamment les articles de P. Birnbaum, P. Hassner, G. Hermet.
— Kershaw Ian, *The nazi dictatorship. Problems and perspectives of interpretation*, E. Arnold, Baltimore, 1984, 164 p. ; édition française remise à jour, *Qu'est-ce que le nazisme ? Problèmes et perspectives d'interprétation*, Folio, Paris, 1992, 416 p.
— Milza Pierre, *Fascisme français, passé et présent*, Flammarion, Paris, 1987, 464 p.
— Nolte E., *Les Mouvements fascistes*, nouvelle édition, préface A. Renaut, Calmann-Lévy, Paris, 1991.
— Pressac J.C., *Auschwitz, technique and operation of the gas chambers*, B. Klarsfeld ed., New York, 1989.
— Rousso Henri, *Le Syndrome de Vichy*, Le Seuil, Paris, 1987, 378 p.
— Schirk Heinz, *La Conférence de Wannsee*, Infasuhn-Austrian Television, 1984.
— Sternhell Z., *Ni droite, ni gauche. L'idéologie fasciste en France*, Le Seuil, Paris, 1983.
— Weindling P., "Weimar Eugenics : the Kaiser Wilhem Institute for Anthropology, Human Heredity and Eugenic in Social Context", in *Annals of Science* 42 (1985), pp. 303-318.
■ Enfin, vient de paraître, un ouvrage sur "l'histoire de l'histoire" de la Seconde Guerre mondiale :
— Bosworth R.J.B., *Explaining Auschwitz and Hiroshima*, Londres, 1993, 262 pages.

1938	septembre	Conférence de Munich.
1939	mars	Hitler annexe le Protectorat de Bohême-Moravie.
		Indépendance de la Slovaquie.
	23 août	Pacte germano-soviétique.
	fin août	Nomon Han, victoire des chars soviétiques sur l'armée japonaise.
	1er septembre	Invasion de la Pologne.
	3 septembre	La France et la Grande-Bretagne déclarent la guerre à l'Allemagne.
	septembre	Capitulation de Varsovie. Invasion de la Pologne par l'URSS.
	30 novembre	L'URSS envahit la Finlande.
1940	12 mars	Fin de la guerre finno-soviétique.
	19 mars	Chute du gouvernement Daladier, remplacé par Paul Reynaud.
	9 avril	Invasion du Danemark et de la Norvège par la Wehrmacht.
	10 mai	La Wehrmacht attaque aux Pays-Bas, en Belgique et au Luxembourg.
	14 mai	Rupture du front français à Sedan.
	15-28 mai	Capitulation des forces hollandaises et belges.
	10 juin	L'Italie déclare la guerre à la France et à la Grande-Bretagne.
	16-17 juin	Démission de Paul Reynaud. Le maréchal Pétain demande l'armistice.
	22 juin	Armistice : la France divisée en deux, zone occupée et zone libre.
	3 juillet	La flotte anglaise attaque la flotte française à Mers El-Kébir.
	10 juillet	Pleins pouvoirs au maréchal Pétain, début du régime de Vichy.
	août-octobre	Bataille d'Angleterre.
	septembre	Offensive italienne en Cyrénaïque.
	3 octobre	Vichy : premières lois contre les Juifs.
	24 octobre	Montoire. Rencontre Hitler-Pétain, sous l'égide de Pierre Laval.
	octobre-janvier	Guerre italo-grecque.
	9 décembre	Contre-offensive anglaise en Cyrénaïque.
	13 décembre	Renvoi de Laval.
1941	19 janvier	Offensive anglaise en Afrique orientale.
	25 février	Amsterdam. Grève de solidarité avec les Juifs arrêtés.
	11 mars	USA : loi prêt-bail de fourniture aux armées britanniques.
	28 mars	Les Anglais détruisent une partie de la flotte italienne au cap Matapan.
	fin mars-avril	Contre-offensive de Rommel en Cyrénaïque.
	3 avril	Irak : coup d'Etat de Rachid Ali (contre les Anglais).
	6 avril	Invasion de la Yougoslavie et de la Grèce.
	10 avril	Proclamation d'un Etat croate indépendant.
	11 avril	La Hongrie entre en guerre aux côtés de l'Axe.
	18 avril	Capitulation de l'armée yougoslave.
		Entrée en guerre de la Bulgarie.
	10 mai	Départ inopiné de Rudolf Hess vers l'Angleterre.
	fin mai	Attaque et prise de la Crète par les Allemands.
	22 juin	Invasion de l'URSS par la Wehrmacht.
	25 juin	La Finlande déclare la guerre à l'URSS.
	28-30 juin	Prise de Minsk, Lvov.
	3 juillet	Staline adopte la tactique de la terre brûlée.
	14 juillet	Armistice de St-Jean d'Acre en Syrie.
	21 août	France : premier attentat contre un Allemand, par le colonel Fabien.
	fin août	Les Anglais et les Russes occupent l'Iran.
	fin octobre	Grande offensive allemande sur Moscou. Elle échoue.
	7 novembre	Vibrant appel de Staline à la résistance patriotique.
	6 décembre	Contre-offensive de Joukov pour dégager Moscou.
	7 décembre	Pearl Harbor.

1941	**19 décembre**	Hitler prend le commandement des armées allemandes.
1942	**1er janvier**	Vingt-six pays signent la Déclaration des Nations Unies.
	2 janvier	Entrée des Japonais à Manille.
	3 janvier	Inde : treize leaders demandent la proclamation de l'Inde-Dominion.
	9 janvier	Percée russe vers Smolensk.
	11 janvier	Les Japonais aux Indes néerlandaises Célèbes-Bornéo.
	14 janvier	Fin de la conférence *Arcadia* à Washington : priorité à la lutte contre l'Allemagne.
	15 janvier	Japonais en Birmanie (via le Siam).
	18 janvier	Accords militaires secrets Japon-Allemagne-Italie. Partage du monde.
	19 janvier	Achèvement de la conquête de la Cyrénaïque par les Anglais.
	20 janvier	Conférence de Wansee sur l'extermination des Juifs.
	21 janvier	Offensive de Rommel sur Bengazi.
	2 février	Manifestations antianglaises en Egypte. Leclerc au Fezzan.
	6 février	Nombreuses mesures contre les Juifs en zone occupée.
	15 février	Capitulation du général Percival à Singapour.
	19 février	Ouverture du procès de Riom.
	1er mars	Anéantissement de la flotte anglo-hollandaise d'Indonésie.
	8 mars	Capitulation de Java. Mission Cripps en Inde.
	12 mars	MacArthur quitte Luçon (Philippines) : "Je reviendrai".
	14 mars	Emploi des prisonniers français dans les usines allemandes.
	27 mars	Premier convoi de déportés pour Auschwitz.
	14 avril	Suspension du procès de Riom ; retour de Pierre Laval.
	16 avril	Raid Doolittle sur Tokyo.
	18 avril	Laval Premier ministre.
	29 avril	Evacuation de la Birmanie par les Anglais.
	4 mai	Bataille de la mer de Corail : 1re victoire US sur le Japon.
	5 mai	Débarquement anglais à Madagascar.
	7 mai	Chute de Corregidor.
	8 mai	Début de l'offensive allemande en Russie, à Kertch (Caucase).
	12-17 mai	Offensive russe vers Kharkhov.
	20 mai	Plan Harris : bombardement systématique de l'Allemagne par la RAF.
	27 mai	Prague : attentat contre Heydrich.
	29 mai	France : étoile jaune pour les Juifs en zone occupée.
	1er juin	Mille avions sur Essen. Victoire française à Bir Hakeim. BBC : "Les Allemands ont exterminé 700 000 Juifs polonais."
	4 juin	Bataille de Midway, grande victoire US dans le Pacifique.
	21 juin	Prise de Tobrouk par Rommel.
	22 juin	Laval : "Je souhaite la victoire de l'Allemagne."
	1er juillet	Prise de Sébastopol.
	6 juillet	Offensive allemande (Voronej-Stalingrad-Caucase).
	16 juillet	Rafle des Juifs au Vélodrome d'Hiver.
	22 juillet	Les évêques s'adressent à Pétain pour protester contre la persécution des Juifs.
	7 août	Offensive US à Guadalcanal.
	9 août	Arrestation de Gandhi.
	12 août	Entrevue Staline-Churchill.
	19 août	Débarquement de Dieppe. Nomination du général Montgomery.
	24-25 août	Victoire américaine aux îles Salomon.
	12 septembre	Pression et assaut sur Stalingrad.
	28 septembre	L'URSS reconnaît de Gaulle.

1942	30 septembre	Vers la rupture de Gaulle-Churchill. (Levant-Madagascar).
	13 octobre	Tracts en France "Pas un homme en Allemagne".
	15 octobre	Au nord de Stalingrad, armée russe coupée en deux.
	23 octobre	Début de la bataille d'El-Alamein.
	3 novembre	Hitler à Rommel : "Ne pas reculer d'un pas."
	6 novembre	Staline proteste : "Et le deuxième front ?"
	8 novembre	"Torch" : débarquement allié en Afrique du Nord.
	9 novembre	Ultimatum allemand à Vichy : "Déclarez la guerre !"
	11 novembre	France : invasion de la zone libre.
	12 novembre	Les Allemands ne peuvent franchir la Volga.
	13 novembre	Reprise de Tobrouk par les Anglais.
	17 novembre	Les Allemands occupent la Tunisie.
	22 novembre	Accords Darlan-Clark à Alger.
	27 novembre	Sabordage de la flotte française à Toulon.
	1er décembre	Premier grand maquis dans l'Ain.
		Programme de Peenemünde : fabrication des V1.
	6 décembre	Les Allemands stoppent les Anglais en Tunisie.
	11 décembre	"Juif" sur les cartes d'identité de Vichy.
	12 décembre	Staline : "Paulus est encerclé à Stalingrad."
	19 décembre	Entrevue Hitler-Laval-Ciano.
1943	14-25 janvier	Conférence de Casablanca : Roosevelt-de Gaulle-Giraud.
	25 janvier	Prise de Tripoli.
	fin janvier	Vichy : création de la Milice.
		Jean Moulin à la tête des Mouvements unis de la Résistance.
	2 février	Capitulation de Stalingrad.
	10 février	Ferhat Abbas : Manifeste du Peuple algérien.
	mars	Grève générale à Athènes. Grandes grèves en Italie.
	7 avril	Début de la bataille de l'Arakan, en Birmanie.
	13 avril	Découverte des charniers de Katyn.
	19 avril	Insurrection du ghetto de Varsovie.
	13 mai	Prise de Tunis. Violentes opérations militaires en Bosnie.
	30 mai	De Gaulle à Alger.
	8 juillet	Arrestation de Jean Moulin à Caluire.
	10 juillet	Débarquement allié en Sicile.
	25 juillet	Renvoi du Duce par le roi d'Italie. Gouvernement Badoglio.
	août	Les Japonais proclament l'indépendance de la Birmanie.
	fin de l'été	Les Russes libèrent l'Ukraine.
	3 septembre	Armistice italien.
	23 septembre	Proclamation de la République de Salò.
	27 septembre	Soulèvement de Naples.
	4 octobre	Discours de Himmler sur l'extermination des Juifs.
	15 octobre	Les Japonais proclament l'indépendance des Philippines.
	21 octobre	Chandra Bose proclame l'indépendance de l'Inde.
	novembre	Formation de maquis en Grèce.
	22 novembre	Conférence du Caire : Roosevelt, Churchill, Chiang Kai-shek.
	28 novembre	Conférence de Téhéran : Roosevelt, Churchill, Staline.
	31 décembre	Constitution d'un gouvernement polonais (Bierut) à Moscou.
1944	11 janvier	Exécution du comte Ciano.
		Manifeste de l'indépendance au Maroc, par Allal el Fassi.
	30 janvier	Conférence de Brazzaville : de Gaulle promet l'ouverture coloniale.
	15-19 février	Bataille du monte Cassino.

REPÈRES CHRONOLOGIQUES

1944	**février**	Formation des FFI sous le commandement du général Kœnig.
	4 mars	Offensive soviétique vers les Carpathes.
	10 mars	Formation d'un Comité de Libération national grec.
		Programme du CNR (Comité national de la Résistance).
	18 mars	Entrevue Hitler-Horthy ; Horthy démissionne Kallai.
	25 mars	Anéantissement du maquis des Glières.
	15 mai	Les Américains reprennent Wake.
	3 juin	Le CFLN se proclame gouvernement provisoire (Comité français de Libération nationale).
	6 juin	Débarquement en Normandie.
	12 juin	Premier bombardement de Londres par les V1.
	23 juin	Le territoire soviétique est entièrement libéré.
	20 juillet	Complot contre Hitler : exécution de von Stauffenberg.
	21-30 juillet	Destruction du maquis du Vercors.
	1er août-3 octobre	Insurrection de Varsovie.
	15 août	Débarquement en Provence.
	20 août	Arrestation de Pétain par les Allemands. Son transfert à Sigmaringen.
	19-25 août	Libération de Paris.
	31 août	Les Russes à Bucarest ; coup d'Etat du roi Michel.
	21 août-29 septembre	Session de la conférence de Dumbarton Oaks : vers la charte de l'ONU.
	septembre	Tito libère la Serbie.
	6 septembre	Bombardement de Londres par des V2.
	9 septembre	Insurrection de Sofia.
	octobre	Conférence de Moscou : partage des zones d'influence entre Churchill et Staline.
	12-14 octobre	Libération d'Athènes ; entrée des Anglais.
	24-26 octobre	Bataille de Leyte, aux Philippines, un désastre pour les Japonais.
	novembre	Libération de l'Alsace.
	4 décembre	Débuts de la guerre civile en Grèce.
	16 décembre	Offensive allemande des Ardennes.
	26 décembre	Siège de Budapest.
1945	**1er janvier**	Le comité de Lublin se déclare gouvernement de la Pologne.
	4-11 février	Conférence de Yalta.
	13-14 février	Bombardement de Dresde.
	15 février	Réouverture de la route de Birmanie.
	9 mars	Désarmement des troupes françaises d'Indochine par les Japonais.
	16 mars	L'Armée rouge atteint la frontière autrichienne.
	6-7 avril	Bataille d'Okinawa.
	9 avril	Insurrection de la Résistance italienne.
	12 avril	Mort de Roosevelt.
	25 avril	Jonction américano-russe de Torgau.
	28 avril	Capitulation des troupes allemandes en Italie.
	30 avril	Suicide de Hitler.
	2 mai	Capitulation de Berlin.
	5-8 mai	Insurrection de Prague.
	7-8 mai	Capitulation générale de l'Allemagne.
	17 juillet-2 août	Conférence de Potsdam : Staline, Truman, Churchill.
	6 août	Première utilisation de la bombe atomique à Hiroshima.
	8 août	L'URSS déclare la guerre au Japon.
	9 août	Deuxième bombe atomique : Nagasaki.
	14 août	Capitulation du Japon.

INDEX DES NOMS DE PERSONNES CITÉES

Les chiffres en romain renvoient au texte courant, les chiffres en *italique* aux légendes, les chiffres en **gras** aux documents.

A
Abbas (Ferhat) 159, 161, 162, *162*, 167
Abetz (Otto) 16, 39, *44*, 46, *46*, 47, **48, 49**
Alfieri (Dino) **30**
Alibert (Raphaël) 43, 44, 149
Antonescu (Ion) 115, 116, 117
Aragon (Louis) 67
Arendt (Hannah) 178
Argenlieu (Georges Thierry d') 168
Aron (Raymond) 178
Aron (Robert) 175

B
Badoglio (Pietro) 36, **119**, *129*
Bandera (Stepan) 121
Barbie (Klaus) 173
Bardossy (von) *110*
Baudouin (Paul) 39, 43, 44, 45
Ba Maw 159
Beck (Ludwig) 130
Bendjemaa (Hadj Mostafa) *164*
Bennett (Joan) 20
Benoist-Méchin (Jacques) 48, 51, 106
Bergery (Gaston) 39, 106, 176
Bergman (Ingrid) 20
Bichelonne 51
Billoux (François) 70, **71**
Bloch (Jean-Richard) 66
Blum (Léon) 17, 72, 164
Bock (Fedor von) 94, *97*
Boegner (Marc) 154, *155*
Bogart (Humphrey) 20
Bonnet (Georges) 57, 59
Bonte (Florimont) 68
Bordeaux (Henri) 16
Boris III (roi de Bulgarie) 117
Borzage (Frank) 18
Bouani (Mohammed) *164*
Bourguiba (Habib) 159, 160, *160*, 162, 167
Bousquet (René) 149, *150*
Bouthillier (Yves) 44, 45
Bovras 161
Brasillach (Robert) 106, *107*, 111, *175*
Brauchitsch (Walther von) 40, 94
Brinon (Fernand de) 16, 44, 48, *51*, 106, 122
Burmeister (Walter) 150

C
Capra (Frank) 18, 19, *21*, 23
Carol II (roi de Roumanie) 114, 115
Catroux (Georges) **163**, 166
Caziot (Pierre) 44
Céline (Louis-Ferdinand) 146
Chamberlain (sir Arthur Neville) 13, 14
Chandra Bose 159, 170, 171
Chaplin (Charlie) *13*, 18, *28*
Chatel (gouverneur) 161
Chevalier (Jacques) 41, 50
Chiang Kaï-shek 79, 80, 83, 114, 167
Christian-Jaque 15, *15*
Christian X (roi de Danemark) 103, 146
Churchill (sir Winston Leonard Spencer) 14, 49, 50, 85, 86, 91, *101*, *127*, 156, 166, 169
Ciano (Galeazzo) *83*, **95, 119,** 120
Clark 18
Codreanu 115
Colbert (Claudette) 22
Courtois (Stéphane) 76
Cripps (sir Stafford) 169
Cromwell (John) 22
Curtiz (Michael) 20, *22*

D
Daladier (Edouard) 13, 15, 57, 58, 67, 70, 72, 74
Dannecker 154
Darlan (François) 43, 44, *44*, 47, 48, 50, 51, 52, 53, 107, 108, 149, 164
Damand (Joseph) *51*, 106, *108*
Darquier de Pellepoix 149
Déat (Marcel) 44, 46, 106, 122, **153,** 176
Decour (Jacques) 66, 99
Decoux (amiral) 167
Degrelle (Léon) 98, *103*, 104, 105, **105**
Deleskewitz (Didier) 24
Dentz (général) 164
Dimitrov (Georgi) 67, 69, 70
Dmytryk (Edward) 19, 21
Donskoï (Mark) 25, *25*
Doorman (amiral) 168
Doriot (Jacques) 44, 67, 106, 122, *164*
Doumenc (Joseph) 57
Drax-Plumkett (amiral) 60
Drieu La Rochelle (Pierre) 106, 111
Duclos (Jacques) 67, *68*, *70*, 74
Dumoulin de Labarthète (Henri) 38, 43, 44, 45, 49
Dupuy (Pierre) 51
Duvivier (Julien) 16

E
Eden (Anthony) 96
Ehrenbourg (Ilya) 63
Eichmann (Adolf) 129, 141, 149
Eisenhower (Dwight David) 157, *157*
Eisenstein (Serguei Mikhaïlovitch) 25, *26*, 28
Elias 111

F
Fabien (Pierre Georges, dit colonel) 65
Farinacci (Roberto) **119**
Filov *117*
Flandin (Pierre-Etienne) 44, 46
Florey (Robert) 22
Fonck (René) 39
Ford (John) 23
Fossate (Jean) *164*
Frachon (Benoît) 72
Franco Bahamonde (Francisco) 65
Fresnay (Pierre) 15
Frick (Wilhelm) *61*, 111
Fried (Eugen) 69, 70
Fusek 111

G
Gabrovski 117
Gallimard (Gaston) 106
Gandera (Félix) 15
Gandhi (Mohandas Karamchand) 159, 162, 169, 170, **170-171,** 171, *171*
Gantois (abbé) 109
Garson (Greer) 20
Gaulle (Charles de) 42, 47, 53, *53*, *65*, 66, *66*, 76, 92, *101*, 107, 125, 127, 134, 156, *163*, **163**, 164, 167
Gautherot *72*, 156

Gerlier (cardinal) 154
Gillouin (René) 154
Giraud (Henri) 161
Giraudoux (Jean) 16
Gitton (Marcel) 67, *68*, 69
Goebbels (Joseph Paul) 29, **30,** *31*, 32, *33*, 55, 93, 94, *94*, 96, *97*, 137, 142
Goering (Hermann) 39, 42, 94, 97
Goulding (Edmund) 22
Grasset (Bernard) 106
Greuler (F.) 26
Grobba **165**
Guérard (Jacques) 39
Guyot (Raymond) 69

H
Haakon VII (roi de Norvège) 104, *104*, 132
Hacha (Emil) 111
Halifax (Edward Frederick Lindley Wood) 14
Hambloch 18
Hanneken (général von) 96
Harlan (Veit) 32, *33*
Hawks (Howard) 22
Hemingway (Ernest Miller) 20
Henriot (Philippe) 53
Herriot (Edouard) 69, 70, 107
Heydrich (Reinhardt) 97, 98, 111, 129, *142*, 143, 180
Hilberg (R.) 143, *144*
Hilgenfeld (Oberbefehlsleiter) **30**
Himmler (Heinrich) **30,** *61*, 122, 129, *142*, 143, 146, 151
Hippler (Fritz) 32
Hiro-Hito (empereur du Japon) 31, *80*, 86, *86*, **87,** 88
Hitchcock (Alfred) 18
Hitler (Adolf) 13, *13*, 14, 17, 29, **30,** 35, 36, *37*, 38, 39, *39*, 40, 41, 42, **42,** 43, *44*, 46, 47, 48, *50*, 52, 55, *55*, 56, 57, *57*, 58, *59*, 60, 61, 62, *62*, 63, 67, 68, 82, *83*, *91*, 92, 93, 94, **95,** 96, 97, 98, *99*, 100, 101, *103*, 104, 105, **105,** 107, 109, 112, 115, 116, 120, *120*, 121, 122, 123, 130, *130*, 133, 134, *138*, 142, *142*, 143, 145, 146, 156, 164, **165,** 169, **170,** 174, 178, 180
Hlinka (Andrej) 111
Ho Chi Minh 159, 166, 167, *168*, 169, *169*
Horthy de Nagybánya (Miklós) *116*, *118*, *118*, 119, 120, 121, 122
Höttl (Wilhelm) 141
Hull (Cordell) **21**
Huntziger (Charles) 40, 41, 44
Husseyni (Sayid Amin al, grand mufti de Jérusalem) 159, 163, **165**

I
Iorga (Nicolae) 115

J
Jaeckel (Eberhardt) 103, 174, 176, 178
Jdanov (Andreï Alexandrovitch) 26
Joannon (Léo) 15, *17*
Joliot-Curie (Frédéric) 66, 77
Jouhaux (Léon) 68
Joukov (Gheorghi Konstantinovitch) 56, *91*
Jourdain (Francis) 66
Jünger (Ernst) 146

INDEX DES NOMS DE PERSONNES CITÉES

K
Kaiser (Henry John) 22
Kallai 120
Karmen (Roman) 24
Keitel (Wilhelm) **30**
Khaled (émir) 162
Khrouchtchev (Nikita Serghéïevitch) 179
Kido (conseiller) **87**
Kimmich (Max) 33
Koch 121
Kogan 18
Konoye (prince) 81, 84, 85, 86, *86,* 88
Korda (Zoltan) 20
Koulechov (Lev) 28
Krivitski 18
Kun (Béla) 120
Kurusu (Saburu) **21,** *83,* 88

L
L'Herbier (Marcel) 15
Lacombe (Georges) 16
Lambert (Raymond-Raoul) 155
Lattre de Tassigny (Jean-Marie Gabriel de) 125
Laval (Pierre) *35,* 36, 37, 38, 39, 40, 41, 42, 43, *43,* **43,** 44, *44,* 45, 46, 47, *47,* 48, **48,** 49, 50, 53, 77, 99, 106, 107, 108, 123, 149, 150, **153,** 154, 176
La Laurencie (général de) 43, 46
Leahy (William Daniel) *45,* 51, 52
Leclerc de Hauteclocque (Philippe) 125
Lecœur (Auguste) 77
Lehideux (François) 51
Lénine (Vladimir Ilitch Oulianov, dit) 181
Léopold III (roi des Belges) **105**
Litvak (Anatole) 18, *18*
Litvinov (Maxime Maximovitch Meier Henoch Wallach-Finkelstein, dit) 59, 60
Lizzani (Carlo) **119**
Ljotic (D.) 113
Lloyd George (David) 14
Longo (Luigi) 128
Luchaire (Jean) 44
Lukov (général) 117
Lunatcharski (A.) 25

M
MacArthur (Douglas) 86, 89
Magnani (Anna) *125*
Makhno 121
Malaparte (Curzio) 145
Mallet (Alfred) 49
Maniu 117
Mann (Thomas) 151
Manouchian (Missak) *73*
Mao Zedong 79, 167
Marshall (George Catlett) 18, 19
Marty (André) *69,* 70
Matsuoka 82, 83, 84, *84,* 85, *85,* 86
Maublanc 77
Maurras (Charles) *107,* 162
Maublanc —
Melville (Jean-Pierre) 134, *134*
Ménétrel (Bernard) 154
Michel Ier (roi de Roumanie) 117
Mihajlovic (Draza) 113, *113,* 114
Miklos (général) 121
Millestone (Lewis) 21, 29
Milza (Pierre) 17, 177
Minkine *24,* 25
Mohammed V (roi du Maroc) 159

Molotov (Viatcheslav Mikhaïlovitch Skriabine, dit) 56, 59, *59,* **59,** 60, 61, *61,* 62, 83, *84,* 114
Montgomery (Bernard Law) *93*
Moustafa Kémal Atatürk 162
Murphy (Robert) 162
Mussert (Anton) 99, 105, *106*
Mussolini (Benito) 13, 91, **105, 119,** *130,* 145, **171,** *180*

N
Nedic (général) 113, 116, 122
Nehru (Jawaharlal) 159, 169, 170, 171, *171*
Nenni (Pietro) 65
Neurath (Konstantin von) 98, 111
Nolte (Ernst) 175, 178
Nomura (ambassadeur) 86, 88

O
Oberg (Karl-Albrecht) *51,* 149, 154
Oshima (général) **30,** 82

P
Parrish (Robert) 23
Patch (Alexander McCarrell) 125
Paulus (Friedrich) *91*
Pavelic (Ante) 112, *112*
Paxton (Robert) 103, 140, 176
Pétain (Philippe) 17, 35, *35,* 36, *36,* 37, 38, *38,* 39, *39,* 40, *40,* 41, *41,* 42, 43, **43,** 44, *44,* 45, *45,* 46, 47, *47,* **48,** 49, **49,** 50, *50,* 51, 52, 53, *53,* 70, **71,** 73, 77, 98, 99, 103, 107, 108, 109, 116, 120, 121, 123, 127, 131, 149, 150, 154, 155, 156, 162, 175, 176
Peyrouton (Marcel) 44, 45, 46
Pichel (Irving) 19, *19,* 20
Platon (Charles) 44
Poudovkine (Vsevolod) **27,** 28
Preciozi 145
Pressac (Jean-Claude) 179
Puyi (empereur de Chine) 80
Pyriev (Ivan) 25

Q
Quisling (Vidkun) 98, 104, *104,* 133

R
Rachid Ali 52, 62, 159, 164
Raisman (Youri) 26
Ramette (Arthur) 68
Rappaport (Gerbert) *24,* 25
Rebatet (Lucien) 106
Reichstadt (Napoléon II, duc de) 41, 42, 44, 46, *47*
Remarque (Erich Maria) 29
Renoir (Jean) *14,* 16, 20, 29
Reynaud (Paul) 39, 70, 107
Ribbentrop (Joachim von) **30,** 39, 46, **59,** 60, *61,* 67, 82, *84,* *110,* 145
Riefenstahl (Leni) 29, *29*
Ripert 45
Rochal (Grigori) 25
Rökk (Marika) 32
Rommel (Erwin) **30,** *93,* 100, 166
Roosevelt (Franklin Delano) 17, 18, 19, **21,** 22, *82,* 84, 85, 86, 88, 91, 100, 101, *101,* 156, 160, 162, 169
Rosenberg (Alfred) 104, *120,* 121
Rossellini (Roberto) *125,* 134
Rougier (Louis) 50
Rust (Dr) 29, *32*
Rybalko (général) 63

S
Sabiani 109
Sackett (colonel) **87**
Sainteny (Jean) 168
Salah ben Youssef 159, 161
Saragat (Giuseppe) 65
Sauckel (Fritz) 97, *109*
Schulenburg (ambassadeur) 83
Semelin (Jacques)
Sima (Horia) 117
Soan 18
Soekarno (Ahmed) 168, 169
Sorge (Richard) 56, *56*
Soustelle (Jacques) 164
Spepinac (Mgr) 112
Staline (Joseph Vissarionovitch Djougatchvili, dit) 13, 55, *55,* 56, 56, 57, *57,* 58, *59,* 60, 61, *61,* 62, *62,* 63, 67, 68, 70, 83, 101, 115, 117, 122, 179, 181
Stauffenberg (Claus Schenk von) 130, *131*
Steel (James) 101
Steinbeck (John) *19*
Steinhoff (Hans) *31,* 32
Sternhell (Z.) 177
Stroheim (Erich von) 15
Sujiyama 80
Szálasi (Ferenc) *116,* 120, 121, 122
Sztojay 120

T
Tardieu (André) 107
Tasca (Angelo) 65
Teleki (comte) 118
Terboven (Reichskommissar) 98, *104*
Thorez (Maurice) 67, 68, 70, *70,* 72, 73
Tillon (Charles) *65,* 77
Tiso (Jozef) 61, 110, *111*
Tito (Josip Broz, dit) 113, *113,* 114, *127*
Togliatti (Palmiro) 65
Tojo (Hideki) **21,** 81, 85, 86, *86*
Tuka *110*
Tyzelman *72,* 156

V
Vallat (Xavier) 149, *150*
Valluy (général) 168
Van Dyke (Woodbridge Strong II) 20
Van Thonningen 105
Vassilievski (Aleksandr Mikhaïlovitch) *91*
Vercors (Jean Bruller, dit) 66, 134, *134*
Vertov (Dziga) 24, 28
Vlassov (Andreï Andreïevitch) 122, *122*
Vorochilov (Kliment Iefremovitch) 60

W
Wajda (Andrzej) 134
Wallon (Henri) 77
Walsh (Raoul) 22, *23*
Wavell (Archibald Percival) 168
Weindling (P.) 181
Wellers (Georges) 140, 141
Weygand (Maxime) 50, 51, 52, 73, 108, 161, *161*
Wieviorka (Annette) 139
Wilkie (Wendell) 17
Wilson (Thomas Woodrow) 162
Wood (Sam) 20

Y
Yamamoto (amiral) 85
Young (Robert) 20

Z
Zamojski (Jan) 62

DANS LA MÊME COLLECTION

1 **L**es conflits du Proche-Orient
   François Massoulié

2 **M**ussolini et l'Italie fasciste
   Marco Palla

3 **M**ao et la révolution chinoise
   Yves Chevrier

4 **P**ancho Villa et la révolution mexicaine
   Manuel Plana

5 **Q**uestions sur la IIe Guerre mondiale
   Marc Ferro

6 **L**'ère atomique
   Roberto Maiocchi

7 **L**a révolution russe
   Antonella Salomoni

8 **L**a Première Guerre mondiale
   Mario Isnenghi

9 **L**es années folles
   Annie Goldmann

10 **L**es enjeux du sport
   Stefano Pivato

11 **L**es Fronts populaires
   Janine Mossuz-Lavau — Henri Rey

12 **H**itler et le nazisme
   Enzo Collotti

14 **L**e terrorisme international
   Luigi Bonanate

15 **S**taline et le stalinisme
   Alessandro Mongili

16 **L**es deux Allemagnes
   Fabio Bertini et Antonio Missiroli

17 **L**a guerre d'Espagne
   Gabriele Ranzato

18 **I**mages et propagande
   Fabrice d'Almeida

19 **L**a société des médias
   Pepino Ortoleva

20 **I**ntellectuels et politique
   Christian Delporte

21 **F**aire l'Europe
   F. Massoulié, G. Gantelet et D. Genton

22 **G**andhi et l'Inde
   Gianni Sofri

23 **L**es combats des femmes
   Annie Goldmann

24 **L**a question yougoslave
   Stefano Bianchini

25 **N**aissance des Etats africains
   Hélène d'Almeida-Topor

26 **L**'empire américain
   Federico Romero

27 **V**ie et mort du bloc soviétique
   Georges Mink

28 **L**a guerre du Pacifique
   François Garçon

29 **L**'antisémitisme
   Roberto Finzi

Imprimé en Italie par GIUNTI INDUSTRIE GRAFICHE S.p.A. — Stabilimento di Prato, sept. 1997